HEYNE <

Christoph Koch

DIGITALE BALANCE

Mit smarter Handynutzung leichter leben

WILHELM HEYNE VERLAG
MÜNCHEN

FSC
www.fsc.org
MIX
Papier aus verantwortungsvollen Quellen
FSC® C083411

Penguin Random House Verlagsgruppe FSC® N001967

Originalausgabe 04/2021

Redaktion: lüra – Klemt & Mues GbR
Umschlaggestaltung:
Hauptmann & Kompanie Werbeagentur, Zürich
Satz: Schaber Datentechnik, Austria
Druck: CPI books GmbH, Leck
Printed in Germany

ISBN: 978-3-453-60585-5

www.heyne.de

Inhalt

TEIL 3

Warum wir eine digitale Balance brauchen

Warum ich dieses Buch geschrieben habe – und warum es Ihnen nutzen wird

Kennen Sie eine der folgenden Situationen?

- Die Akkuanzeige Ihres Smartphones zeigt an, dass Sie nur noch über fünf Prozent Akkuleistung verfügen. Obwohl Sie gerade noch ruhig und guter Dinge waren, fühlen Sie sich plötzlich gestresst.
- Sie sitzen am Steuer Ihres Autos, Ihr Smartphone liegt in der Mittelkonsole, und eine SMS-Nachricht geht ein. Obwohl Sie wissen, dass es gefährlich ist, sich ablenken zu lassen, lesen Sie die Nachricht und antworten kurz – ein Auge auf den Bildschirm, eines auf den Straßenverkehr vor Ihnen gerichtet.
- Sie essen in einem Restaurant zu Abend. Als Ihre Begleitung aufsteht und zur Toilette geht, zücken Sie sofort Ihr Smartphone. Oder: Sie *sind* diese Begleitung und suchen die Toilette nur auf, um dort in Ihr Smartphone zu schauen.
- Sie gehen aus dem Haus und merken erst in der U- oder Straßenbahn, dass Sie Ihr Smartphone zu Hause vergessen haben. Ohne auch nur eine Sekunde zu zögern, steigen Sie an der nächsten Haltestelle aus und fahren zurück, um es zu holen.

- Sie haben seit Ihrem letzten Urlaub kein Buch mehr gelesen.
- Sie holen Ihr Smartphone aus der Tasche, um etwas nachzusehen, beispielsweise den Wetterbericht oder die Uhrzeit. Als Sie jedoch diverse Benachrichtigungen auf dem Display sehen, schauen Sie in Ihr Facebook- oder Instagram-Konto, beantworten schnell zwei WhatsApp-Nachrichten und packen nach einer Viertelstunde das Smartphone wieder weg. In diesem Moment fällt Ihnen ein, dass Sie doch eigentlich den Wetterbericht abrufen wollten – und Sie holen Ihr Smartphone wieder hervor.

Wenn Ihnen keine einzige dieser Situationen bekannt vorkommt: Herzlichen Glückwunsch! Dann haben Sie ein sehr gesundes und entspanntes Verhältnis zu Ihrem Smartphone und der digitalen Welt – und vermutlich gerade das falsche Buch in der Hand. Schenken Sie es einfach jemand anderem, der es dringender braucht als Sie. Ich wette, Sie kennen jemanden. Falls Sie jedoch alle oder zumindest einige der oben beschriebenen Situationen kennen, dann sind Sie hier genau richtig. Mit diesem Buch und mit meiner 30-Tage-Challenge möchte ich Ihnen helfen, sich aus der Diktatur des Smartphones zu befreien. Ihr Leben wieder selbstbestimmter, freier und entspannter zu führen. Ohne die Angst, etwas zu verpassen. Ohne den Stress, permanent online und erreichbar sein zu müssen. Aber auch ohne das Gefühl, sich permanent zu verzetteln und wertvolle Zeit zu verplempern.

Rat von einem Optimisten

Warum aber sollten Sie ausgerechnet mir vertrauen, wenn es um Ihr digitales Leben geht? Was befähigt ausgerechnet mich, Ihnen Ratschläge zu geben? Ich bin weder ausgebildeter Psychologe noch Suchtexperte, sondern Journalist und Buchautor. Doch als solcher befasse ich mich schon sehr lange mit den Schnittstellen zwischen digitalen Technologien und unserer Gesellschaft und unserem Leben als Individuen. Die Frage, wie Technologie uns beeinflusst, wie wir von ihr am besten profitieren können, aber auch welche negativen Auswirkungen sie auf uns haben kann, begleitet mich seit Jahren, und ich habe dazu zahlreiche Erfahrungen gesammelt und mir eine gewisse Expertise erarbeitet.

Dabei komme ich von einem durchaus optimistischen Standpunkt. Ich habe mich immer schon begeistert auf alles Digitale gestürzt: Ich jubelte, als ich meine ersten Zeitungsartikel nicht mehr auf einer alten Schreibmaschine tippen und mit Tipp-Ex korrigieren musste, sondern auf dem ausrangierten PC meiner Tante schreiben konnte. Ich war begeistert, als ich meine erste E-Mail verschickte – an ein Mädchen, das ich nach dem Abitur bei einer USA-Reise kennengelernt hatte. Als ich das erste Mal ein Lied aus dem Internet herunterladen und auf einem für damalige Verhältnisse winzig kleinen iPod abspielen konnte. Und ich war fasziniert, als ich feststellte, wie umfangreich das Wissen ist, welches das Internet bereithält. Wie viele interessante Menschen man dort treffen kann, wie viele spannende Debatten dort geführt werden.

Die digitalen Flitterwochen sind vorbei

Nach einer Weile bekam meine Begeisterung jedoch einen Dämpfer: Die Debatten wurden durch Social Media immer schriller und aggressiver. Das wertvolle Wissen verbarg sich zunehmend unter Spam und irreführenden, klickheischenden Schlagzeilen. Statt einer Bereicherung fühlte sich das Internet nach und nach an wie eine Last. Wie eine Erfindung, die etwas von meinem Leben abhaben wollte, anstatt dieses zu bereichern. Die digitale Welt und ich, wir hatten uns entfremdet. Um herauszufinden, wie sehr, wagte ich vor etwa zehn Jahren ein Experiment: Vierzig Tage lang verzichtete ich auf Internet und Mobiltelefon, auf Google und Facebook, E-Mail und Twitter, auf »nur schnell mal was nachschauen« und endloses Scrollen durch die diversen Newsfeeds.

»Ich bin dann mal offline«, das Buch, das aus diesem Selbstversuch entstand, wurde zu einem Bestseller und stand mehrere Wochen auf der SPIEGEL-Liste der meistverkauften Bücher. Mit meinem Experiment war ich früh dran. Seither wagten sich noch etliche andere Offline-Willige an die digitale Abstinenz, und das Thema ist nach wie vor regelmäßig in den Medien präsent. Es entstanden Entwöhnungscamps, in denen Menschen für ein Wochenende auf das Internet verzichten und stattdessen ums Lagerfeuer sitzen. Eine amerikanische Firma meldete den Begriff *Digital Detox* sogar als Marke an.

Ich habe seit der Veröffentlichung von »Ich bin dann mal offline« Dutzende Vorträge zu meinem Experiment und zum Thema Internetabstinenz und Onlinesucht gehalten und weit über hundert Interviews in Zeitungen,

Radio und Fernsehen gegeben. Bei Lesungen, Konferenzen und bei Podiumsdiskussionen komme ich seither immer wieder mit Menschen in Kontakt, die sich eine gezielte Anleitung wünschen, ihre Smartphone-Nutzung zu reduzieren. Sie können sich nicht erklären, wie solch ein kleines Gerät so schnell derart bestimmend über ihr Leben werden konnte. Ähnlich wie bei mir, ist bei diesen Menschen die ursprüngliche Begeisterung in Sachen Internet zunehmend Skepsis und Sorge gewichen. Bei manchen sorgt das Smartphone für Konflikte in der Partnerschaft und Familie. Oder sie würden einfach gern seltener auf ihre diversen Bildschirme starren, um wieder mehr Zeit für andere Dinge zu haben. Aus dem Gespräch mit diesen Menschen und der wiederholt gehörten Bitte um Tipps und Methoden für einen bewussteren, selbstbestimmteren Umgang mit dem Smartphone entsprang die Idee für dieses Buch.

Wie die 30-Tage-Challenge funktioniert

Mir ist klar, dass eine sechswöchige, komplette Internetauszeit, wie ich sie damals bei meinem Selbstversuch unternommen habe, für die meisten Menschen vollkommen unrealistisch ist. Keine Angst: Sie ist auch nicht nötig. Sie dürfen Ihr Smartphone während der 30-Tage-Challenge weiterhin benutzen. Sie werden erreichbar sein und Ihren beruflichen und sozialen Verpflichtungen nachkommen können. Die gedankenlose Nutzung, das Zeit-Totschlagen, das zwanghafte Checken von Nachrichten und Newsfeeds werden Sie jedoch nach und nach abstellen.

Dieses Buch zeigt Ihnen, wie das am besten geht. Es hilft Ihnen dabei und motiviert Sie, die 30 Tage durchzuhalten.

Im Verlauf der Challenge zeige ich Ihnen Wege, wie Sie die Vorteile, die Ihr Smartphone zweifellos mit sich bringt, weiterhin nutzen können – ohne dabei unter den Nachteilen zu leiden. Denken Sie im Vergleich an das Thema Ernährung: Egal, wie viel Übergewicht jemand hat oder wie schlecht er sich ernährt – die Lösung wird nie sein, dieser Person zu verbieten, jemals wieder etwas zu essen. Auch eine vierzigtägige Nulldiät zu machen wie ich bei meinem Offline-Experiment ist nicht ratsam. Totalentzug ist beim Essen ebenso wenig sinnvoll wie bei digitaler Kommunikation. Stattdessen geht es um maßvollen und bewussten Konsum. Qualität schlägt Quantität!

Nachhaltige Veränderungen entstehen nur durch bessere Gewohnheiten und kleine Kniffe im Alltag: Wer einer Tüte Kartoffelchips beim abendlichen Fernsehen nicht widerstehen kann, kauft sinnvollerweise gar nicht erst welche, sondern bringt eine gesündere Alternative vom Supermarkt mit nach Hause. Wer auf Facebook nicht komplett verzichten will – beispielsweise, weil es beruflich nötig ist –, kann zumindest die Smartphone-App löschen, um nicht permanent in Versuchung zu geraten. Im Notfall lässt sich immer noch per Browser darauf zurückgreifen. So wie eine bessere Ernährung sich positiv auf Ihr Wohlbefinden auswirkt, wird dies auch ein bewussterer Umgang mit dem Smartphone tun. Wenn Sie den Tipps in diesem Buch folgen, kann Sie das zufriedener und ausgeglichener machen. Sie werden höchstwahrscheinlich besser schlafen und sich weniger oft gestresst fühlen. Sie werden vermutlich wieder stärkere Emotionen spüren. Freude, aber manchmal auch Trauer – denn oft greifen wir genau dann zum Smartphone, wenn es darum geht, solche Emotionen zu unterdrücken oder uns von ihnen abzulenken. Auf Sie warten mehr Zeit und ein Gefühl der Unabhängigkeit. Am Ende werden Sie stolz darauf sein, es gewagt zu haben und dabeigeblieben zu sein. Aber ich verspreche Ihnen, dass sich die Erfahrung auch schon während der Challenge gut anfühlen wird.

Ein kurzer Realitäts-Check

Sie glauben nicht, dass Sie Ihre digitalen Gewohnheiten ändern müssen? Ihre Abhängigkeit von Ihrem Smartphone ist gar nicht so schlimm, denken Sie? Wie die Lage tatsächlich ist, können Sie sich inzwischen genau anzeigen lassen. Vorher möchte ich Sie aber um zwei Schätzungen bitten. Nehmen Sie ein Blatt Papier, und schreiben Sie auf, wie oft Sie am Tag zum Smartphone zu greifen glauben. Nehmen Sie sich einen Moment Zeit nachzudenken und geben Sie bitte eine konkrete Zahl an. Danach schätzen Sie bitte die Zeit, die Sie durchschnittlich pro Tag auf Ihr Smartphone schauen. Auch hier legen Sie sich bitte auf eine exakte Angabe in Stunden oder Minuten fest. Was haben Sie geschätzt? 10, 20, 30 Mal pro Tag? Eine Stunde – oder mehr? Nun ist es Zeit für die Wahrheit: Wenn Sie ein iPhone besitzen, schauen Sie dort bitte bei den Einstellungen unter »Bildschirmzeit« nach. Bei Android heißt der Punkt »Digital Wellbeing« oder »digitales Wohlbefinden« und findet sich ebenfalls in den Einstellungen. Dort wird angezeigt, wie lange Sie Ihr Smartphone heute benutzt haben sowie Ihre durchschnittliche Nutzung während der letzten sieben Tage. Da der heutige Tag ja noch nicht vorbei ist, nehmen Sie bitte den Sieben-Tages-Durchschnitt und vergleichen ihn mit Ihrer Schätzung. Na, überrascht? Die allermeisten Menschen unterschätzen deutlich, wie viel sie ihr Smartphone täglich nutzen. Ärgern Sie sich also nicht, falls auch Sie sich vertan haben. Aber nehmen Sie diese Diskrepanz zwischen Selbstwahrnehmung und Realität ernst.

Ein kleiner Hinweis am Rande: Manche älteren Smartphone-Modelle haben diese Funktionen, mit denen Sie Ihre persönliche Bildschirmzeit nachvollziehen können, noch nicht. In diesem Fall laden Sie sich bitte eine sogenannte Tracker-App herunter, die Ihre Smartphone-Nutzung misst. Für Android können Sie die Digital-Wellbeing-App eventuell auch im Google Playstore herunterladen – oder alternativ Apps wie Social Fever oder StayFree. Für iPhones gibt es zum Beispiel RealizD. Die Apps Offtime oder Space funktionieren auf beiden Betriebssystemen. Solche Dinge können sich jedoch ändern. Falls die Apps also nicht mehr erhältlich sind, suchen Sie einfach selbst nach dem Stichwort »Smartphone-Nutzung« im jeweiligen App-Store.

Das digitale Leben entrümpeln

Wenn Sie in der Wochenansicht Ihrer Smartphone-Nutzung nach unten scrollen, sehen Sie, was für diese Nutzung – und vielleicht auch für Ihre eventuelle Fehleinschätzung – verantwortlich ist: Dort steht, mit welchen Apps Sie die meiste Zeit verbracht haben. Noch ein Stückchen weiter unten können Sie lesen, wie oft Sie Ihr Smartphone heute oder durchschnittlich in den letzten sieben Tagen »aktiviert«, also in die Hand genommen haben. Wie lautet Ihr Tagesdurchschnitt? Und wie gut haben Sie geschätzt? Wenn Sie Ihr Smartphone weniger als 88 Mal pro Tag in die Hand nehmen, liegen Sie übrigens unter dem bundesweiten Durchschnitt. Denn so oft holt laut einer Studie des Mental-Balance-Projekts der Durchschnittsbürger täglich sein Telefon aus der Tasche.[1] Wenn man von 16 wachen Stunden am Tag ausgeht, ist das also alle elf Minuten. Die durchschnittliche Nutzungsdauer wiederum liegt inzwischen bei rund 3,5 Stunden pro Tag und steigt Jahr für Jahr weiter an. Für die allermeisten Menschen ist es also durchaus angebracht, ihr Leben einmal digital zu entrümpeln. Sie kennen sicherlich das herrliche Gefühl, wenn man – zum Beispiel vor einem Umzug oder einfach, um wieder mehr Platz zu haben – den Kleiderschrank ausgemistet hat oder diese zwei Schreibtischschubladen, in denen sich auf rätselhafte Weise immer der unnötigste Krimskrams ansammelt. Das digitale Entrümpeln, das Aufräumen in unserem digitalen Leben, fühlt sich mindestens genauso gut an – wenn nicht noch besser und befreiender.

Denn das Problem sind nicht unsere Smartphones und Tablets, also die Geräte an sich. Es ergibt keinen Sinn, diese zu verteufeln oder ihre Abschaffung zu fordern. Das Problem ist unser Verhältnis zu ihnen. Diese Kategorie von Geräten – die Dinge, die sie können, und die Apps, die darauf laufen – sind alle so neu, dass uns jegliche Erfahrung fehlt, wie wir vernünftig und gesund damit umgehen.

Die Bundeskanzlerin Angela Merkel hat einmal gesagt, das Internet sei »Neuland« für uns alle – und wurde für diesen Spruch von einigen mit Hohn und Spott bedacht. Wie peinlich! Wie gestrig! Aber sie hatte vollkommen recht. All diese Dinge – Geburtstagsgrüße per WhatsApp, Partnersuche per Tinder, Jobempfehlungen per LinkedIn – sind erst wenige Jahre alt. Wir als Gesellschaft und als Individuen haben keinerlei wirkliche Erfahrung damit. Wenn wir ehrlich sind, müssen wir zugeben, dass wir nicht im Geringsten wissen, was das alles mit uns macht. Trotzdem haben wir das kollektive Gefühl, es ginge nicht mehr ohne. Nach nur rund zehn Jahren Smartphone-Gesellschaft fragen wir uns, wie wir früher ohne WhatsApp, Google Maps oder den Bundesliga-Ticker in der Hosentasche überleben konnten.

Das liegt zum einen an den riesigen Komfort- und Effizienzgewinnen, die das Smartphone mit sich gebracht hat. Wir haben einerseits das Gefühl, durch die Apps und die vielfältigen Funktionen unserer Smartphones mehr erledigen zu können als jemals zu vor. Wie einfach ist es geworden, ein Zugticket zu buchen! Wie mühelos, in einer fremden Stadt den Weg zu finden oder herauszubekommen, was »Guten Tag« auf Indonesisch heißt! Wir können im Stau berufliche Mails abarbeiten und in der Badewanne nach einer neuen Wohnung suchen. Gleichzeitig fühlen wir uns so ineffektiv wie nie. Wir scheinen ständig im Rückstand zu sein, klagen über »digitale Erschöpfung« und wünschen uns, dass dieses kleine Gerät uns einfach mal eine Pause gönnt und uns in Ruhe lässt. Dabei gönnen wir selbst uns diese Pause nicht. Denn schon an der nächsten roten Ampel holen wir das Gerät wieder hervor, ohne Not und ohne Zwang. Sei es, weil wir uns einsam fühlen und uns nach digitaler Gesellschaft sehnen oder zumindest nach ein paar Herzchen unter unserem letzten Instagram-Post. Oder weil uns einfach langweilig ist und wir uns mit einem Spiel die Zeit vertreiben wollen, bei dem wir gleichfarbige Diamanten oder Früchte in eine Reihe schieben müssen. Vielleicht treibt uns auch die Angst, nicht schnell genug auf eine berufliche Anfrage zu reagieren.

Ein Zaubergerät hält uns an der kurzen Leine

Es ist verrückt, wie dieselbe Technologie, die uns so viele Freiheiten schenkt, uns gleichzeitig derart an der kurzen Leine hält. Wir können zwar an jeder Straßenecke mit einem einzigen Fingertipp ein Auto mit Fahrer herbeizitieren, wir haben auf Wunsch eine ganze Videothek und sieben Plattenläden in unserer Tasche und können, auf der Toilette sitzend, Pizza bestellen. Was für eine großartige Welt! Aber wenn wir unser kleines Zaubergerät einmal nicht bei uns haben, fühlen wir uns gleichzeitig unvollständig und beinahe so, als hätte man uns etwas amputiert. Lässt uns der Akku im Stich, oder haben wir zwischen Göttingen und Kassel-Wilhelmshöhe mal wieder kein Netz, kommt es uns vor wie fünf vor Weltuntergang.

Unser Ziel sollte sein, die positiven Errungenschaften der digitalen Technologien, die uns umgeben, bestmöglich zu nutzen und gleichzeitig nicht Opfer ihrer negativen Seiten zu werden. Es geht darum, die Freiheiten maximal auszukosten und parallel gegen die Versklavung anzukämpfen. Dieses Ziel zu erreichen – dabei möchte ich Ihnen mit diesem Buch helfen. Es ist in drei große Teile gegliedert.

- Im ersten Teil wird analysiert, was sich zwischen uns und unserem Smartphone abspielt. Welche psychologischen Mechanismen ablaufen, wenn wir es aus der Tasche ziehen. Warum viele dieser Mechanismen ganz gezielt eingesetzt werden, um unsere Bindung an die kleinen Geräte zu erhöhen. Welche Geschäftsmodelle auf unserer Smartphone-Sucht basieren und welche Ausprägungen diese annehmen kann. Die Beschreibungen stützen sich auf meine jahrelange Recherche zu diesen Themen: auf meine Gespräche mit und die Lektüre der Artikel und Bücher von Psychologen und Suchtexperten sowie Fachleuten für *Interfacedesign* und *User Experience* – also genau den Menschen, die unsere Smartphones und die dazugehörigen Apps so entworfen haben, dass wir nicht mehr davon lassen können.
- Der zweite Teil wird Sie ganz persönlich herausfordern. Er ist die 30-Tage-Challenge, bei der Sie – durchaus schmerzhaft – erkennen werden, wie groß die Rolle schon geworden ist, die das Smartphone in Ihrem Leben spielt. Sie werden aber auch die wunderbare Erfahrung machen, dass diese Entwicklung umkehrbar ist und Sie sich Ihr Leben Stück für Stück zurückholen können. Sie müssen Ihr Smartphone dafür nicht komplett auf- oder abgeben. Aber Ihr Konsum wird sich stark einschränken und verändern. Was Ihnen dabei helfen wird: eine

fundierte Anleitung sowie Alternativen für alles, was durch die reduzierte Smartphone-Nutzung wegfällt. Sie werden überrascht sein, wie viel Zeit Sie plötzlich zur freien Verfügung haben.

Ein klarer und einfacher Plan führt Sie durch jeden einzelnen Tag der Challenge. Mit Aufgaben und Tipps finden Sie zu einem unbeschwerteren und gesünderen Verhältnis zu Ihrem Smartphone – zu einer digitalen Balance. Der Plan wird Ihnen auch mit Ideen zur Seite stehen, wenn es einmal schwerfallen sollte durchzuhalten. Am Ende der Challenge steht übrigens nicht: »Und jetzt wieder alles wie vorher.« Es handelt sich dabei schließlich nicht um eine Crash-Diät. Wir alle wissen, dass so etwas nutzlos, wenn nicht sogar schädlich ist. Es folgt vielmehr eine Anleitung, wie Sie die Zeit nach der Challenge gestalten können. Sie entscheiden am Ende selbst, welche dauerhaften Konsequenzen Sie daraus ziehen wollen.

- Im dritten Teil erfahren Sie, warum ein Leben mit einem bewussteren, reduzierten Smartphone-Konsum ein besseres Leben ist. Sie können und sollen diesen Teil bereits während der 30-Tage-Challenge lesen. Er ist eine hervorragende Motivation, da er Ihnen den Wert dessen vor Augen führt, was Sie sich Tag für Tag erarbeiten. So werde ich Ihnen darin zum Beispiel Studien vorstellen, die zeigen, dass ein Zusammenhang besteht zwischen intensiver Smartphone-Nutzung und Dingen wie Neurotizismus, niedrigem Selbstwertgefühl, Stress, schlechtem Schlaf und mangelndem Einfühlungsvermögen. Unter anderem könnte dies nämlich mit dem immer aggressiveren und radikaleren Tonfall gerade in den sozialen Medien zu tun haben, mit Hass und Einschüchterung, Mobbing und öffentlicher Beschämung. Ich werde Ihnen darlegen, wie eine eingeschränkte Smartphone-Nutzung auch Ihrer Privatsphäre dient, denn diese wird sowohl durch große Internet-Konzerne als auch durch dunkle Gestalten in den muffigeren Gassen der Onlinewelt permanent verletzt. Im dritten Teil gibt es auch einen speziellen Abschnitt, der sich an Familien, Kinder und Jugendliche richtet. Grundsätzlich eignet sich die 30-Tage-Challenge für Leserinnen und Leser jeden Alters – jeder, der alt genug ist, ein Smartphone zu benutzen, ist auch alt genug, diese Challenge anzunehmen und von ihr zu profitieren.

Begeben Sie sich nun gemeinsam mit mir und anderen Gleichgesinnten auf die Reise in eine selbstbestimmte Zukunft. In eine Zukunft, die nicht rückständig und technologiefeindlich ist, sondern in der Sie sich sorgfältig und bewusst das Beste herauspicken, was das Smartphone und die digitale Welt zu bieten haben – und gleichzeitig den ganzen Ballast, das Gerümpel und den Dreck außen vor lässt, die damit einhergehen und nur scheinbar nicht davon zu trennen sind.

Machen Sie sich bereit für die Challenge – in einem Monat werden Sie es sich selbst danken.

TEIL 1
Wie wir süchtig gemacht werden

Ein kleines Gerät, das unser Leben verändert

»Von Zeit zu Zeit kommt ein revolutionäres Produkt auf den Markt, das alles verändert.« Als Steve Jobs am 29. Juni 2007 auf einer Bühne im kalifornischen Cupertino mit diesen Worten das iPhone vorstellte, konnte niemand auch nur ansatzweise ahnen, als wie revolutionär sich dieses Produkt wirklich erweisen würde. Und wie radikal die Erfindung des Smartphones unsere Welt verändern sollte. Ich bin mir ziemlich sicher, dass es auch Steve Jobs selbst nicht wirklich in vollem Umfang voraussah. »Ein Telefon, ein iPod und ein mobiles Internetgerät«, so erklärte er die Funktionen des neuen Geräts. Telefonieren, Musikhören, Internet – schon die Reihenfolge wirkt heute absurd. Wie selten nutzen wir heutzutage das Smartphone zum Telefonieren? Es ist vielmehr zum Schweizer Taschenmesser für alle Lebenslagen geworden: Es speichert unsere Einkaufsliste, unsere Eintritts- und Zugfahrkarten und erinnert uns an unseren Hochzeitstag oder Opas Geburtstag.

Wir versenden damit die wichtigsten beruflichen Anfragen und unsere intimsten privaten Liebesgeständnisse. Es verrät uns, wie das Wetter morgen wird und ob wir später im Stau stehen werden. Wir holen es aus der Tasche und vertreiben uns damit die Zeit, wenn uns langweilig ist. Aber auch, wenn wir uns vor wichtigeren Dingen drücken wollen – oder wenn wir Angst haben, dass es blöd aussieht, bei einer Party allein herumzustehen oder an einer Straßenecke auf unsere Verabredung zu warten.

Expressfahrt auf der Gefühlsachterbahn

Scrollen wir durch den endlosen Strom unserer verschiedenen Newsfeeds und Mitteilungen, kann es passieren, dass wir innerhalb von zehn Minuten einmal komplett über die Gefühlsachterbahn rauschen:

- wütend (»Das hat diese Pappnase von Politiker doch nicht wirklich gesagt!?«)
- gerührt (»Oh, Katzenbaby und Hundewelpe schlafen im selben Körbchen!«)
- enttäuscht (»Leider müssen wir Ihnen mitteilen, dass Ihre Bewerbung …«)
- aufgeregt (»Ich dachte, dieses Candy-Crush-Level würde ich nie schaffen!«)
- frustriert (»AW: AW: AW: AW: AW: AW: Dringend! Erneute Überarbeitung nötig«)
- belustigt (»Und dann fällt der Panda einfach ins Wasser, weil er eingenickt ist …«)

In Sekundenschnelle kann das Smartphone uns in jeden Gemütszustand katapultieren – inklusive Stress und Nervosität, wenn es uns mal nicht zur Verfügung steht, weil der Akku leer ist. So schnell wie keine andere Erfindung in der Menschheitsgeschichte zuvor ist es in jeden Aspekt unseres Lebens vorgedrungen: Rund die Hälfte der Menschen findet es inzwischen in Ordnung, beim Essen – auch mit anderen – aufs Smartphone zu schauen.[2] 80 Prozent aller Männer und 69 Prozent aller Frauen gaben in einer Umfrage zu, ihr Telefon auch auf der Toilette zu benutzen.[3] Zwei Drittel aller Menschen haben ihr Smartphone im oder neben dem Bett, wenn sie schlafen.[4] Drei Prozent schlafen nach eigenen Angaben sogar mit dem Smartphone in der Hand.[5] In einer Studie der Beratungsfirma Deloitte gab über ein Drittel der Erwachsenen und über die Hälfte der Teenager an, binnen fünf Minuten nach dem Aufwachen zum Smartphone zu greifen.[6] Laut einer Microsoft-Umfrage stimmten mehr als drei Viertel der befragten 18- bis 24-Jährigen dem Satz zu »Wenn ich nichts zu tun habe, ist das Erste, was ich tue, mein Smartphone in die Hand zu nehmen«.[7] Und 62 Prozent aller Britinnen und 48 Prozent aller Briten bekannten sich in einer Umfrage dazu, schon einmal beim Sex aufs Smartphone geschaut zu haben.[8] Stichwort Sex: Die Umfragen, in denen Menschen angeben, lieber auf Sex verzichten zu wollen als auf ihr Smartphone, lassen sich inzwischen kaum noch zählen.

Wer Bedenken hat, gilt als Fortschrittsfeind

Warnt man vor den Gefahren einer übermäßigen Smartphone-Nutzung und weist darauf hin, dass viele Menschen inzwischen ein suchtartiges Verhalten zeigen, gibt es eine Standardreplik, die man wieder und wieder zu hören bekommt: Das Gleiche habe man früher über Comicbücher, Rockmusik oder das Fernsehen gesagt. Platon oder irgendein anderer alter Grieche – so genau wissen es die Abwinkenden oft selbst nicht – habe doch einst sogar das geschriebene Wort verteufelt. Und als die ersten Züge über Schienen rollten, hätten Mediziner die Hände über dem Kopf zusammengeschlagen und prophezeit, Menschen würden durch die hohe Geschwindigkeit Gehirnkrankheiten erleiden. Kurzum: Alles sei Panikmache und Gejammer von Ewiggestrigen, die nicht erkennen wollen, dass technischer Fortschritt grundsätzlich super ist. Die heute so gern belächelten Warnungen vor der Zugfahrkrankheit gab es übrigens in Wirklichkeit gar nicht. Zumindest sind sie nirgends dokumentiert.[9] Aber daran, dass diese Geschichte so gern weitererzählt wird, wird deutlich: Es ist einfach ein plausibles Beispiel für die vermeintliche Technikfeindlichkeit der Menschen und ihre reflexhafte Ablehnung von allem Neuen. In hundert Jahren, so die daraus folgende Logik, werden wir uns über diejenigen, die jetzt vor zu viel Smartphone-Konsum warnen, genauso kopfschüttelnd amüsieren wie heute über diejenigen, die damals vor der Geschwindigkeitskrankheit Angst hatten.

Aufmerksamkeit ist die Währung

Der große Unterschied zwischen dem heutigen Smartphone-Boom und früheren Sorgen vor zu viel Comic-Leserei oder Twist-Tanzen besteht allerdings darin: Noch nie zuvor in der Geschichte der Menschheit haben so viele Unternehmen den schlauesten Köpfen einer Generation derart viel Geld dafür bezahlt, Geräte und Software zu entwickeln, von denen wir nicht lassen können. Das Ziel ist klar: Wenn möglich sollen wir das Smartphone nicht mehr aus der Hand legen. Oder wie es der ehemalige Google-Mitarbeiter Tristan Harris formuliert: »Hinter den Telefonen der Siebzigerjahre steckten nicht Tausende von Entwicklern, die immer weiter daran schraubten, um die Geräte noch verlockender zu machen.«[10] Harris hat seinen Posten bei Google inzwischen aufgegeben und die Initiative »Time Well Spent« ins Leben gerufen. Er möchte den Nutzerinnen und Nutzern die Kontrolle über ihre Zeit und ihre Konzentration zurückgeben. In einer Präsentation schreibt er: »Noch nie zuvor in der Geschichte hatten die Entscheidungen einer Handvoll von Produktentwicklern (meist weißen Männern in ihren Zwanzigern und Dreißigern aus San Francisco), die in drei Firmen arbeiten, so viel Einfluss auf das, worauf Millionen von Menschen auf der ganzen Welt ihre Aufmerksamkeit richten ...«[11] Mit den drei Firmen sind Facebook und Apple und Harris' damaliger Arbeitgeber Google gemeint.

Von ein paar chinesischen und saudi-arabischen Banken und Ölfirmen abgesehen, verdienen die größten Unternehmen der Welt, von Google über Apple bis Facebook, heute ihr Geld vor allem mit einer einzigen Sache – *user engagement*, wie sie es nennen. Laienhaft ausgedrückt: Daran, wie lange sie unsere Aufmerksamkeit an den Bildschirm vor uns fesseln, bemisst sich ihr Umsatz. Ganz egal, ob das gut ist für uns oder nicht. »Unser größter Konkurrent ist nicht Amazon, sondern der Schlaf«, sagte Reed Hastings, der CEO des Streamingdienstes Netflix vor ein paar Jahren. Und fügte hinzu: »Und wir gewinnen!«[12] In einem späteren Brief an die Investoren gab Netflix sogar unverblümt zu, »in Konkurrenz zu allen anderen Freizeittätigkeiten« zu stehen. Dazu zählten auch »Essengehen mit Freunden oder ein Glas Wein mit dem Partner«[13]. Mission geglückt, könnte man sagen. Denn laut einer Umfrage haben 29 Prozent aller Netflix-Nutzer (und 51 Prozent aller 18- bis 29-Jährigen) schon einmal eine komplette Serienstaffel binnen 24 Stunden verschlungen. Und 24 Prozent aller Zuschauer (und 45 Prozent aller 18- bis 29-Jährigen) haben soziale Verabredungen abgesagt, um weiterzuglotzen.[14]

Unsere Bequemlichkeit wird ausgenutzt

Ungefähr zeitgleich zu den oben genannten Bekenntnissen änderte Netflix eine wichtige Grundeinstellung auf seiner Streaming-Plattform: Am Ende einer Serienfolge sieht man nun nicht mehr deren Abspann, sondern es wird automatisch die nächste Folge abgespielt. Das mag auf den ersten Blick nur eine technische Kleinigkeit sein und eher ein Komfortgewinn als eine Katastrophe. Doch der Mensch ist faul und lässt sich mit solchen Vorgaben nur zu gern beeinflussen. Das merkt man unter anderem an einem drastischen

Beispiel: In Ländern, in denen man ein Kreuzchen machen muss, wenn man seine Organe spenden will, erklären sich um ein Vielfaches weniger Menschen dazu bereit als in Ländern, in denen man ein Kreuzchen machen muss, wenn man das *nicht* möchte.[15] Genauer: Während die Organspenderquote in Deutschland bei rund zwölf Prozent liegt, liegt sie im Nachbarland Österreich, wo die sogenannte Widerspruchslösung gilt (man sich also aktiv dagegen entscheiden muss), bei etwa 99 Prozent. Eine ähnliche Diskrepanz gibt es zwischen den ansonsten in vieler Hinsicht vergleichbaren Ländern Dänemark und Schweden. In Dänemark, wo man aktiv in die Organspende einwilligen muss, liegt die Quote bei etwa vier Prozent, in Schweden, wo man widersprechen muss, bei 86 Prozent.

Wenn wir uns bei Netflix aktiv entscheiden müssten, die nächste Folge zu starten, hätten wir zumindest die Gelegenheit, auf die Uhr zu schauen, uns an den Wecker zu erinnern, der am nächsten Morgen klingelt, und ins Bett zu gehen. Dem Streamingdienst sind unser Nachtschlaf und damit unser Wohlergehen jedoch komplett egal. Die Autoplay-Funktion, die übrigens auch andere Streamingdienste wie Amazon Video oder Youtube und bei manchen Serien selbst die Mediatheken der Öffentlich-Rechtlichen einsetzen, ist nur eine von Hunderten kleinen Manipulationstechniken. Für sich genommen ist sicherlich keine davon ein Schwerverbrechen. In der Summe zeigen diese aber ganz klar, wo die wirklichen Interessen der Firmen liegen: Bei einem möglichst hohen User-Engagement nämlich. Denn das ist es, was den Börsenkurs steigen und die Investoren jubeln lässt.

Übrigens: Sie können die Funktion fast immer in den Einstellungen des jeweiligen Dienstes deaktivieren. Oft ist sie ein wenig versteckt. Machen Sie sich die Mühe und suchen Sie danach. Ihr Schlaf- und Zeitbudget wird es Ihnen danken, wenn Sie das Autoplay abschalten.

Was heißt überhaupt Sucht?

Smartphone-Sucht. Ein großes Wort – dramatisch, bedrohlich, unheimlich. Manche sagen, das Wort sei übertrieben, schüre Panik und bausche eine kleine, nervige Angewohnheit zu einem Problem auf. Ich will den Begriff »Sucht« keinesfalls leichtfertig verwenden. Sicherlich ist nicht jeder Mensch, der ein paar Minuten länger Pokemon Go spielt oder durch Instagram scrollt, als er oder sie es vorhatte, automatisch Smartphone-süchtig. Ich glaube aber auch nicht, dass es sinnvoll ist, sich um den Begriff herumzudrücken. Sucht kann sich auf viele Arten manifestieren, und nicht jede drängt die Betroffenen sofort an den Rand der Gesellschaft, wie es vielleicht bei einer schweren Drogensucht geschehen kann.

Stichwort Drogen: Als ich ein Kind war, hatten meine Eltern zwei Zeitschriften im Abonnement – GEO und Stern. Ich liebte die großen GEO-Fotografien von Polarforschern, Amazonasbewohnern und exotischen Tieren. Der Stern hingegen gruselte mich – was nicht hieß, dass ich meine Finger von ihm gelassen hätte. Damals standen Heroingeschichten wie die von Christiane F. und den »Kindern vom Bahnhof Zoo« hoch im Kurs. Fotos von toten Heroinabhängigen, die sich auf Bahnhofstoiletten den goldenen Schuss gesetzt hatten, brannten sich in mein kindliches Gehirn ebenso ein wie die scheinbar unausweichliche Logik der Sucht: Man wurde bei so etwas wie Heroin sofort abhängig. Zack, aus und vorbei. In den schlimmsten Fällen waren – so der Tenor der damaligen Artikel – manche der jungen Menschen sogar gegen ihren Willen von skrupellosen Dealern »angefixt« worden. Mit großen Augen blätterte ich durch diese Drogenreportagen. Ich weiß nicht, wovor andere Kinder damals Angst hatten, vielleicht vor einem Atomkrieg, es waren schließlich die frühen 1980er. *Meine* größte Angst war, gegen meinen Willen heroinabhängig gemacht zu werden. Was mir damals leider niemand verriet: Erstens sind Deutschlands Pausenhöfe nicht voller Menschen, die verängstigte Erstklässler an die Nadel zwingen. Zweitens funktioniert Sucht so nicht. Man kann letztlich nicht gegen seinen Willen süchtig gemacht werden.

Ein Beispiel sind die unzähligen US-Soldaten, die während des Vietnamkrieges – sei es aus Angst, Erschöpfung, Langeweile oder einer Mischung aus allem – zum Heroin-Besteck griffen. Nach der Rückkehr in ihre Heimat und den dortigen Alltag wurden fast alle wieder clean. Das überraschte die amerikanischen Mediziner und Psychologen, die sich auf zahlreiche Suchtprobleme unter den Heimkehrern eingestellt hatten. Denn normalerweise ist das Verhältnis genau umgekehrt – nur die wenigsten Heroinsüchtigen schaffen den Entzug, ohne rückfällig zu werden. Die rückblickende Erklärung der Suchtforscher lautete: Die Umstände, der Krieg, die oft monate- oder jahrelange Untätigkeit und die Entfernung zur Heimat hatten die

Soldaten empfänglich für die Droge gemacht. Als die Umstände sich jedoch wieder änderten, entschieden sich die allermeisten gegen die Droge. Die Suchtexpertin Maia Szalavitz schreibt dazu: »Solange Ihr Gehirn die Droge nicht mit emotionaler Stabilität und Wohlbefinden zusammenbringt, kann sich eine Sucht nicht einstellen. Damit dies passiert, müssen Sie sich freiwillig für die Droge entschieden haben.«[16] Szalavitz gibt ein drastisches Beispiel: »Wenn ich Sie entführe, fessle und Ihnen zwei Monate lang Heroin spritze, kann ich körperliche Abhängigkeit und Entzugserscheinungen hervorrufen. Aber nur, wenn Sie, nachdem ich sie freilasse, freiwillig weiter Heroin nutzen, werden Sie tatsächlich süchtig.«

Was sich krass liest, ist letztlich eine sehr gute Nachricht: Niemand außer uns selbst hat es in der Hand, ob und wovon wir eine Abhängigkeit entwickeln. Das heißt nicht, dass es keine Versuchungen gäbe – nicht ohne Grund werden Alkohol- und Zigarettenwerbung immer weiter eingeschränkt. Aber Sucht ist eben auch kein unausweichliches Schicksal, zu dem uns jemand anderes gegen unseren Willen verdammen kann. Wenn ich das schon als Kind gewusst hätte, wäre mir so manche angstvolle Stunde erspart geblieben. Ich erinnere mich, dass ein Junge aus meiner Klasse um meine Angst wusste, drogensüchtig gemacht zu werden. Er schaffte es, mir erfolgreich einzureden, die Plastiklöffel, die bei kleinen Eisbechern oft unter dem Deckel kleben, seien aus Heroin und man werde abhängig, wenn man sie benutzte. Ich weiß nicht, ob er das sagte, weil er hoffte, dass ich ihm mein Eis überlassen würde, oder weil er einfach nur ein fieser, manipulativer

Mistkerl war. Ich glaubte es ihm auch nie hundertprozentig. Aber doch genug, um für eine Weile das Eis stets ohne den Löffel aus dem kleinen Pappbecher zu schlecken. Eine demütigende Haltung – an die ich übrigens auch immer mal wieder denken muss, wenn ich Handschuhe anhabe und versuche, den Touchscreen meines Smartphones mit meiner Nase zu bedienen.

Niemand ist stromsüchtig

Wir wissen also, dass es an uns selbst liegt, ob und wovon wir süchtig werden. Doch woran erkennen wir es, ob wir es vielleicht schon längst sind? Im Rahmen der Recherche zu meinem Buch »Ich bin dann mal offline« sprach ich unter anderem mit Sascha Lobo, dem wohl berühmtesten Interneterklärer Deutschlands. Lobo schreibt die sehr gute Kolumne »Die Mensch-Maschine« für Spiegel Online, hält kluge und lustige Vorträge und sitzt ab und zu in Fernsehtalkshows, wenn es um das Thema Internet geht. Er war schon zu einer Zeit pausenlos online, als die meisten Menschen sich noch sporadisch einmal am Tag mit einem pfeifenden Modem ins Netz einwählten und Boris Becker in der Werbung fragte: »Bin ich schon drin?« Ob er sich als internetsüchtig oder zumindest suchtgefährdet betrachte, wollte ich damals von Lobo wissen. Dieser antwortete sinngemäß, er finde die Frage falsch gestellt. Denn er trage schließlich auch jeden Tag Schuhe, ohne deswegen gleich schuhsüchtig zu sein, und benutze jeden Tag Elektrizität, ohne stromsüchtig zu sein. Die Häufigkeit, mit der man eine Sache nutzt – also auch die Frage, ob man fünf Minuten am Tag in sein Smartphone schaut oder fünf Stunden – sagt folglich nichts darüber aus, ob man nach dieser Sache süchtig ist oder nicht.

Das ist vollkommen richtig. Wir tun dauernd Dinge, ohne die wir nicht überleben könnten. Wir atmen, wir schlafen, wir essen, wir trinken, wir blinzeln. Trotzdem käme es uns nicht in den Sinn zu sagen, wir seien schlafsüchtig oder sauerstoffsüchtig. Reine Häufigkeit scheint also kein guter und sinnvoller Indikator für Suchtverhalten zu sein.

Ein anderer Einwand, warum man auch bei extrem häufiger Smartphone-Nutzung nicht von Sucht sprechen sollte: Nur Substanzen können Süchte auslösen. Sucht ist in diesem Verständnis nichts anderes als eine körperliche Gewöhnung an einen Stoff wie beispielsweise Alkohol, Nikotin oder die Opiate eines Schmerzmittels. Nimmt man diese dem Körper, der sich an sie gewöhnt hat, wieder weg, entwickelt er physische und psychische Entzugserscheinungen. Voilà, das ist eine Sucht, so die Verfechter der Substanz-These. Alles andere ist in ihren Augen Firlefanz.

Auch Sucht nach Verhaltensweisen ist möglich

Mittlerweile geht man in Fachkreisen davon aus, dass Süchte auch auf anderem Weg entstehen können. Noch wird zwar diskutiert, ob beispielsweise Kleptomanie, also zwanghaftes Stehlen, als Sucht, als Zwangsstörung oder besser mit einem ganz anderen Begriff zu bezeichnen ist. Aber es wird nicht mehr bezweifelt, dass es sich dabei um ein ernst zu nehmendes Leiden handelt. Das Gleiche gilt für

Spielsucht, Sexsucht oder zwanghaftes Einkaufen. Lauter Probleme übrigens, die schon vor dem Internet existierten, sich durch dieses jedoch verschärfen können. Denn online entfallen zeitliche und örtliche Begrenzungen. Früher brauchten Spielsüchtige ein Casino oder zumindest einen Glücksspielautomaten. Heute genügt das Smartphone. Die APA, die Vereinigung der amerikanischen Psychiater, ist inzwischen sicher, dass man auch süchtig nach Verhaltensweisen werden kann, nicht nur nach Substanzen. Mit dem »Diagnostic and Statistical Manual of Mental Disorders« legt die Organisation regelmäßig fest, was als psychische Erkrankung gilt und was nicht. 2013 wurde *behavioral addiction*, also Verhaltensabhängigkeit oder verhaltensbedingte Sucht, in den Leitfaden aufgenommen und gleichzeitig die Kategorie »Missbrauch und Abhängigkeit von Drogen/Substanzen« durch den neuen Titel »Abhängigkeiten und verwandte Störungen« deutlich weiter gefasst. Das ICD-11 (International Classification of Disease) ist ein ähnliches Manual, allerdings herausgegeben von der Weltgesundheitsorganisation WHO und nicht nur auf psychische Erkrankungen beschränkt. Hier wurde bislang nur Spiel- und Sexsucht neu klassifiziert. Übermäßige Internetnutzung, Kleptomanie, exzessives Shopping oder Pyromanie wurden hingegen als Impulskontrollstörungen bezeichnet, da für eine Klassifizierung als Sucht noch eindeutige Anzeichen fehlten.[17]

Und was ist mit mir?

Doch wo beginnt ein problematisches Verhalten, ob man es nun Smartphone-Sucht nennen will, Impulskontrollstörung oder ganz anders? Es gibt zahlreiche Fragebögen und Selbsttests, mit denen man dieser Frage auf den Grund gehen kann. Doch viele dieser Tests lesen sich, als stammten sie aus einem anderen Zeitalter. »Beeilen Sie sich mit Ihren täglichen Verpflichtungen, um früher online gehen zu können?«[18], will zum Beispiel ein solcher Fragebogen wissen. Früher, als man Zuhause das Telefon aus- und das Modem einstöpseln musste, mag das eine sinnvolle Frage gewesen sein. Heute, wo manche Menschen das Smartphone bereits in der Hand halten, bevor sie den ersten Fuß aus dem Bett gestreckt haben, wirkt sie antiquiert. In vielen dieser Selbsttests ist nach wie vor von »Internetsitzungen« die Rede – so als wäre das Internet immer noch ein großer Apparat, vor den man sich setzen müsste, und als würde man vielleicht ein- oder zweimal am Tag »ins Netz gehen« – und wenn es dreimal ist, wird es schon gefährlich. Dabei ist unser Leben doch längst eine einzige »Internetsitzung«. Wir sind Teil eines dauerhaften Datenstroms, unsere Auszeiten sind minimal. Selbst auf der Toilette und beim Sex fällt uns das Abschalten laut der erwähnten Umfragen offenbar immer schwerer.

»Einige finden nicht mehr in die Normalität zurück«

Wie viele Menschen sind in Deutschland Smartphone-»süchtig«? Hans-Jürgen Rumpf, leitender Psychologe im Bereich Suchtforschung der Lübecker Klinik für Psychiatrie und Psychotherapie des Universitätsklinikums Schleswig-Holstein, geht davon aus, dass ein bis zwei Prozent der Erwachsenen ein digitales Suchtproblem haben. Bei weiteren drei bis sechs Prozent liege ein problematisches Verhalten vor, sie beschäftigen sich also tendenziell zu viel mit digitalen Inhalten. Beide Gruppen könnten sich aber durch die Corona-Krise und die Kontaktbeschränkungen vergrößert haben, so der Experte: »Man muss davon ausgehen, dass da einige nicht mehr in die Normalität zurückfinden.«[19] Neben dem Digitalisierungsschub bei gleichzeitigem Wegfall analoger Freizeitaktivitäten habe auch eine gewisse entfallende soziale Kontrolle dazu beigetragen: »Wer die ganze Nacht am Computer oder Smartphone hängt und im Büro komplett übermüdet ist, wird vielleicht mal von Kollegen darauf angesprochen«, so Rumpf.[20] Gerade bei Menschen, die allein leben, habe Corona aber zu einer kompletten Isolation ohne soziales Korrektiv geführt.

Die Frage »Bin ich schon Smartphone-süchtig oder nicht?« ist also nicht so einfach zu beantworten. Grundsätzlich gelten ähnliche Regeln wie bei den klassischen, oft als stoffgebunden bezeichneten Süchten wie beispielsweise Alkoholismus:

- Habe ich schon mal versucht, seltener aufs Smartphone zu schauen, und bin gescheitert?

- Haben mich schon mal andere Menschen gebeten, seltener auf mein Smartphone zu schauen?
- Vernachlässige ich andere Dinge, wie zum Beispiel Beruf, Familie oder Freunde, weil es mir wichtiger ist, Zeit mit dem Smartphone zu verbringen?
- Bin ich unehrlich zu mir selbst oder zu anderen, was die Intensität und Häufigkeit meiner Smartphone-Nutzung betrifft?
- Leiden meine Schlafqualität, meine Stimmung oder meine Arbeitsproduktivität unter meiner Smartphone-Nutzung?

Solche Überlegungen können nur dabei *helfen,* sich einer Antwort zu nähern. Denn einerseits ist es schwierig, die Frage nach der Sucht pauschal und per Checkliste zu beantworten. Die Ausprägungen sind schließlich individuell völlig unterschiedlich: Die eine kann nicht aufhören, berufliche Mails zu checken, der andere schließt sich auf der Toilette ein, um Brawl Stars zu spielen, anstatt sich um seine Kinder zu kümmern. Während der eine Betroffene mitten in der Nacht aufwacht und zwanghaft zum Telefon greift, um Twitter zu checken, führen bei der Nächsten vielleicht die auf Facebook geteilten Bilder zu dem Gefühl, alle anderen führten ein besseres, aufregenderes, glamouröseres Leben – und sorgen dadurch für Niedergeschlagenheit oder schlimmere psychische Probleme. Problematische Smartphone-Nutzung ist also ein komplexes und kompliziertes Thema.

Andererseits ist die Frage nach zu viel Nutzung aber auch ganz einfach zu beantworten: Wenn Sie das Gefühl haben, zu oft aufs Smartphone zu schauen – dann ist das so. Es gibt keine fixe Zahl von Stunden, ab der es kritisch wird. Und wenn Sie merken, dass die Art, Intensität oder Häufigkeit, mit der Sie sich Ihrem Handy widmen, Ihnen nicht guttut – dann brauchen Sie dafür keinen Fragebogen. Im folgenden Abschnitt soll es darum gehen, besser zu verstehen, woher dieser Sog kommt, wie man ihn erkennen kann und warum man sich nicht dafür schämen muss, ihm zu erliegen.

Dopamin-Maschine Smartphone

Der zentrale Stoff, der uns immer und immer wieder zum Smartphone greifen lässt, ist Dopamin. Sie hören den Begriff sicher nicht zum ersten Mal. Manchmal wird der Neurotransmitter sehr vereinfacht als »Glückshormon« beschrieben. Wenn wir verliebt sind, steigt die Dopamin-Ausschüttung; wenn wir Kokain nehmen allerdings auch. Der Botenstoff hat viele Funktionen, und eine der wichtigsten spielt sich im Belohnungssystem unseres Gehirns ab. Durch Dopamin lernen wir, bestimmte Tätigkeiten mit einem guten Gefühl in Verbindung zu bringen. Das kann Sex sein, gutes Essen – aber auch zu merken, dass ein Foto, das man auf Facebook gepostet hat, viele Likes bekommt.

Maximale Wirkung durch Unregelmäßigkeit

Die große Schwierigkeit: Unser Gehirn mag Dopamin so gern, dass es kaum genug davon bekommen kann. In einem Experiment der kanadischen Verhaltensforscher James Olds und Peter Milner im Jahr 1954 konnten Laborraten einen Hebel betätigen, der ihr Belohnungszentrum mit kleinen Stromschlägen stimulierte.[21] In diesem und folgenden Experimenten betätigten die Tiere den Hebel teilweise bis zu 2000 Mal pro Minute. Sie vergaßen zu essen und zu trinken und überquerten sogar mit Strom geladene Metallgitter – solange sie nur den Hebel wieder und wieder drücken konnten.

Jeder Blick auf das Display unseres Smartphones kann die Dopamin-Ausschüttung ankurbeln. Hat unser Gehirn dies erst einmal verinnerlicht, greifen wir immer öfter zu dem Gerät. Und nicht nur das – allein durch die Erwartung oder Vorahnung auf die baldige Aktivierung unseres Belohnungszentrums wird bereits ein wenig Dopamin ausgeschüttet. Das Bedürfnis nach einer vollen Ladung wird dadurch jedoch nicht etwa gemildert, sondern nur noch größer. Jeder, der schon einmal versucht hat, sein Smartphone zu ignorieren, nachdem dort mit einem lauten »Dinggg!« (oder einem leisen Brummen) eine Nachricht eingegangen ist, kennt dieses Phänomen. Oder auch ein anderes: Wir können noch so sehr in uns ruhen – holt unser Gegenüber sein Smartphone aus der Tasche, verspüren wir plötzlich einen immensen Drang, das Gleiche zu tun.

Ihre maximale Sogwirkung entfalten Belohnungen jedoch, wenn sie unregelmäßig vergeben werden. Damit ein

Spiel Spaß macht, darf man vorher nicht wissen, ob man gewinnt oder verliert. Ein Spiel, das nach einer strengen Reihenfolge immer abwechselnd Spieler 1 und dann Spieler 2 gewinnen lässt, wäre wohl das langweiligste der Welt – und das erfolgloseste. Die App-Entwickler wissen das sehr genau und planen fast immer unberechenbare Belohnungen ein: Niemand weiß, ob das nächste Foto, das man bei Instagram teilt, mit Like-Herzchen überschüttet wird oder ungesehen im Bilder-Nirwana verschwindet. Jedes Mal, wenn wir unsere Nachrichten checken, ist von einem lebensverändernden Jobangebot bis zu einem faden Newsletter alles drin. Und auch die meisten erfolgreichen Smartphone-Spiele sind so aufgebaut, dass sie ihre Punkte und Boni nicht gleichmäßig und berechenbar ausschütten, sondern mal großzügiger sind und mal knausriger.

Spielautomaten in unserer Hosentasche

Ein eindrucksvolles Experiment, mit dem sich nachweisen ließ, wie wichtig die Unregelmäßigkeit von Belohnungen ist, führte der Psychologe Michael Zeiler 1971 mit einer Reihe von Tauben durch: Wenn diese mit ihren Schnäbeln auf einen kleinen Knopf in ihrem Käfig pickten, spuckte ein Mechanismus eine kleine Portion Taubenfutter aus. Doch dann veränderte Zeiler in einem zweiten Experiment die Maschine so, dass sie nur noch in 50 bis 70 Prozent aller Pick-Auslöser etwas Futter springen ließ. In den anderen Fällen zeigte sie nur ein rotes Licht an. In der Folge pickten die Vögel deutlich häufiger, und ihre kleinen Taubenhirne schütteten deutlich mehr Dopamin aus als bei der regelmäßigen Essenslieferung. Dass sie häufiger pickten, hatte übrigens nichts damit zu tun, dass sie nur so an die gewünschte Menge Futter kamen. Denn als Zeiler die Ausschüttungsrate auf zehn Prozent senkte, pickten sie nicht etwa zehnmal so häufig, um am Ende auf die gleiche Menge Futter zu kommen – sondern gar nicht mehr.[22] Die Ausbeute war zu gering, als dass die Erwartung noch für einen Dopamin-Schub gesorgt hätte.

Ein anderer Psychologe, der sich mit dem Thema unberechenbare Belohnungen beschäftigte, war der Verhaltensforscher B. F. Skinner. Er nannte das Phänomen »intermittierende Verstärkung« oder »Manchmal-Verstärkung«. Die Verhaltensweisen, die durch unsichere Belohnungen entstünden, seien »schwer wieder auszulöschen«.[23] Klingt das zufällig vertraut und nach dem Verhältnis zu Ihrer Lieblings-App?

Unsere Smartphones sind dermaßen gut darin, unberechenbare Belohnungen an uns zu vergeben, dass der Onlineaktivist und Ex-Google-Mitarbeiter Tristan Harris sie zu Recht als »Spielautomaten in unserer Hosentasche« bezeichnet. Dass die Zuwendungen, die wir von den verschiedenen Apps erhalten, uns dabei unberechenbar erscheinen, heißt aber nicht, dass sie es wirklich sind. Onlinehändler können beispielsweise genau sehen, wer die letzten drei Werbe-Newsletter ungeöffnet gelöscht hat. Solche Kunden, die verloren zu gehen drohen, bekommen dann beispielsweise einen 20-Prozent-Rabattcode zugeschickt. Auch unsere Facebook-, Twitter- oder Instagram-Feeds sind längst keine chronologische Auflistung aller Dinge mehr, die unsere Freunde gepostet haben. Stattdessen bestimmen permanent weiter verfeinerte Algorithmen darüber, welche Informationen wir zu welchem Zeitpunkt zu sehen bekommen. Diese unberechenbaren Belohnungen in Form von Neuigkeiten und Fotos erhalten wir jedoch nicht etwa mit dem Ziel, uns möglichst gut zu informieren oder den Kontakt zu unseren engsten Freunden zu vertiefen, sondern einzig und allein mit dem, unsere Verweildauer auf der jeweiligen Plattform zu erhöhen. Wir sollen weiter und weiter scrollen, stets in der Hoffnung auf den nächsten unverhofft einsetzenden Dopamin-Kick.

Das schlechte Gewissen der Erfinder

Eines sollte man sich stets vor Augen halten: Nahezu jede erfolgreiche App – abgesehen vielleicht von reinen Digital-Werkzeugen wie einer Kompass-, Taschenlampen- oder Navigations-App – wird daraufhin entwickelt und kontinuierlich optimiert, um unsere Nutzungshäufigkeit und Verweildauer zu erhöhen. Das geschieht nicht aus Boshaftigkeit, sondern weil die Geschäftsmodelle der meisten Internetkonzerne und damit die Kennzahlen, an denen hinunter bis zum letzten Mitarbeiter so gut wie jeder in dieser Branche gemessen wird, darauf basieren.

Die Währung, um die fast alle Internetkonzerne – von Netflix bis Spotify, von Google bis Instagram – miteinander konkurrieren, ist unsere Aufmerksamkeit. Wir nehmen

Facebook leicht als einen neutralen Ort wahr, an dem wir unsere Freunde treffen. Oder Tinder als eine praktische Möglichkeit, um einen neuen Partner oder eine neue Partnerin zu finden. Doch in Wirklichkeit, das zeigen Interviews mit verschiedenen Ex-Mitarbeitern von Digitalkonzernen, haben diese Firmen drei essenzielle Ziele:

1. **Engagement** – also die Maximierung von Häufigkeit und Dauer der Nutzung durch jeden Einzelnen von uns. Wir sollen möglichst oft am Tag angeregt werden, die App zu öffnen, und dann die Zeit vergessen, um so lange wie möglich zu verweilen.
2. **Wachstum** – wir sollen unsere Freunde einladen, um die Nutzeranzahl zu erhöhen. Es soll der soziale Druck entstehen, dass man ohne eine bestimmte App einfach nicht mehr »dazugehört« oder permanent Angst haben muss, wichtige Dinge zu verpassen. Und es soll verhindert werden, dass Nutzer, die man einmal an der Angel hatte, wieder abwandern. Der Fachbegriff dafür lautet *Churn*. Wer schon einmal ein soziales Netzwerk oder eine Spiele-App länger nicht benutzt hat, weiß, wie sich die Intensität der Versuche, ihn zurückzuholen, nach und nach steigern – sei es per Benachrichtigung (»Schau nach, wer dir geschrieben hat«) oder per Mail (»Wir vermissen dich – komm zurück und erhalte als Bonus sieben Gratis-Spielrunden«).
3. **Vermarktung** – diese Kombination aus einer immer größeren Zahl an Nutzern (Wachstum) und immer intensiverer Nutzung (Engagement) sorgt für immer höhere Werbeerlöse. Und in den meisten Fällen auch für mehr

Investitionen durch Risikokapital-Firmen beziehungsweise steigende Börsenkurse. Das bedeutet, dass vom CEO bis zum Programmierer nahezu alle Beteiligten ihre Ziele diesen beiden Kennzahlen Engagement und Wachstum unterordnen, statt sich zu fragen, was gut für die Nutzer wäre.

»Im Lauf der Evolution war es für uns Menschen stets überlebensnotwendig zu wissen, was die anderen Mitglieder unseres Stammes von uns halten«, erklärt Tristan Harris im Dokumentarfilm »The Social Dilemma« den gigantischen Erfolg der sozialen Netzwerke. »Dass wir aber alle fünf Minuten per Update darüber informiert werden, was 10 000 Menschen von uns halten, ergibt evolutionär keinen Sinn.« Letztlich handele es sich zudem um einen Kampf mit komplett ungleich verteilten Mitteln: »Vor dem Smartphone-Screen befindet sich unser Gehirn, das sich vor Tausenden von Jahren entwickelt hat«, sagt Harris. »Und auf der anderen Seite sitzen Tausende von mit der Rechenpower von Supercomputern bewaffnete Programmierer – und leider stimmen deren Ziele nicht mit unseren überein.«[24] Harris hat recht. Unsere Ziele mögen individuell unterschiedlich sein, am Ende gehen sie aber vermutlich in ähnliche Richtungen: Freundschaften pflegen, eine liebevolle Partnerschaft führen, beruflich erfüllt und erfolgreich sein, die Welt ein wenig besser hinterlassen, als man sie vorgefunden hat. Dazu vielleicht ab und zu ein Glas Wein und ein gutes Lied im Radio. Die Nutzungsdauer, das Wachstum und die Vermarktungsmöglichkeiten von Digitalfirmen zu steigern gehört mit Sicherheit nicht dazu.

»Wir sind alle Laborraten«

Der ehemalige Facebook-Manager Chamath Palihapitiya wird in dem Dokumentarfilm mit seiner Kritik noch deutlicher. »Wir wollen rausfinden, wie wir dich so schnell wie möglich psychologisch manipulieren und dir einen neuen Dopamin-Schub verpassen können. Wir haben das bei Facebook gemacht, bei Instagram und bei WhatsApp. Und bei Twitter und Snapchat läuft es genauso«, sagt Palihapitiya, der von 2007 bis 2011 Facebook-Mitarbeiter und dort in leitender Funktion für das Wachstum der Plattform zuständig war. »Wir kuratieren inzwischen unser gesamtes Leben um diese vermeintliche Perfektion herum, weil wir dafür mit Herzchen, Likes und Daumen nach oben belohnt werden«, beschreibt er die Macht der sozialen Netzwerke. »Und wir fangen an, das mit etwas Wertvollem und etwas Wahrhaftigem zu verwechseln. Aber in Wirklichkeit ist das alles nichts als eine vorgegaukelte und bröcklige Popularität für kurze Zeit, die uns leerer zurücklässt als zuvor.«[25]

Palihapitiya und Harris sind bei Weitem nicht die einzigen ehemaligen ranghohen Mitarbeiter aus dem Silicon Valley, die sich inzwischen kritisch zu den dort entwickelten Technologien äußern. Justin Rosenstein, der als Erfinder des Like-Buttons bei Facebook gilt, hat sich von seiner Erfindung inzwischen distanziert. Sandy Parakilas, der früher als Manager für Facebook und Uber gearbeitet hat, sagt: »Wir sind alle Laborratten – nur dass die Erkenntnisse aus diesem Experiment leider nicht helfen, Krebs zu heilen.«[26] Loren Brichter, Erfinder der »Pull-to-Refresh«-Geste, die uns wie am Glücksspielautomaten wieder und wieder nach unten wischen lässt, um den Mail-Eingang oder Instagram-Feed zu aktualisieren, formuliert es so: »Ich habe inzwischen zwei Kinder, und ich bereue jede Minute, die ich ihnen keine Aufmerksamkeit schenke, weil mein Smartphone mich wieder vereinnahmt hat.«[27] Guillaume Chaslot, der bei Youtube den Algorithmus mitentwickelte, der Nutzern immer neue Videos vorschlägt, sagt: »Die Menschen denken, das System sei darauf ausgelegt, ihnen Dinge vorzuschlagen, die sie sehen wollen. Aber das stimmt nicht. Es lockt sie einfach nur immer tiefer in den Kaninchenbau.« Und er fügt hinzu: »Das macht mir Sorgen. Aber es funktioniert extrem gut.«[28]

Sogar das explizite Wissen um diese manipulativen Techniken scheint nur bedingt zu schützen. So gibt der ehemalige Facebook-Manager und frühere Präsident der Online-Fotopinnwand Pinterest in einem Interview zu: »Obwohl ich genau wusste, was hinter den Kulissen passiert, konnte ich meine eigene Nutzung nicht kontrollieren. Ich versteckte mich ständig in der Speisekammer, checkte meine E-Mails und checkte Pinterest, während meine beiden Kinder auf meine Aufmerksamkeit und Liebe warten mussten.« Sein drastisches Fazit lautet: »Für mich ist die Sache sonnenklar: Diese Plattformen bringen Menschen um und sorgen dafür, dass Menschen sich selbst töten.«[29]

Wieder andere Größen der Digitalbranche äußern sich vielleicht nicht derart kritisch, handeln aber entsprechend: Dier Kinder von Microsoftgründer Bill Gates und seiner Frau Melinda bekamen erst ab dem Alter von 14 Jahren eigene Smartphones. Auch Steve Jobs – der Mann, der der Welt das iPhone gab – erlaubte seinen eigenen Kindern nur sehr eingeschränkt, die Produkte seiner Firma zu nutzen. Auf die Frage eines Reporters, wie ihnen das damals neue iPad gefalle, antwortete der sonst so stolze Gründer: »Sie haben es noch nicht benutzt. Wir begrenzen, wie viel Technologie unsere Kinder zu Hause benutzen dürfen.«[30]

Sean Parker, einer der frühesten Investoren und zeitweise Vorstandsvorsitzender von Facebook, sagte einmal auf einer Konferenz, bei Facebook habe sich von Anfang an alles um die Frage gedreht »Wie binden wir so viel Zeit und Aufmerksamkeit der Menschen wie möglich?« Mithilfe des Like-Buttons und anderer Mechanismen verteile die Plattform letztlich nichts anderes als »einen kleinen Dopamin-Schuss dann und wann [...], der einen dazu bringt, noch mehr Sachen zu posten«. Es handele sich dabei um »eine Feedbackschleife sozialer Anerkennung [...], also genau das, was einem Hacker wie mir liegt – denn letztlich nutzt man eine Schwäche der menschlichen Psyche aus.«[31]

Kleine Stupser und fiese Tricks

Es ist das Naheliegendste, sich selbst die Schuld zu geben, wenn man es nicht schafft, seltener ins Smartphone zu schauen. Vermeintlich fehlt es einem nur an Willensstärke. »Ich bin einfach zu schwach! Andere schaffen es doch auch, warum gelingt es mir nicht?« Kein Wunder, wenn einen solche Gedanken quälen. Schließlich ist die Welt voll mit Vorher-nachher-Fotos: Menschen, die erfolgreich abgenommen haben; Ex-Raucherinnen, die jetzt Marathons laufen; Sofakartoffeln, die ihre neuen Muskeln präsentieren.

Lauter Erfolgsgeschichten von Selbstbeherrschung und Transformation. Nicht, dass es leicht wäre, sich gegen Fast-Food-Werbung oder Nikotinabhängigkeit zu behaupten. Aber der Kampf gegen die Smartphone-Sucht ist womöglich noch mal ein ganzes Stück härter. Denn in den letzten zehn Jahren haben die App-Entwickler ein Arsenal von psychologischen Tricks und perfiden Mechanismen entwickelt und immer weiter perfektioniert, mit dem wir bei der Stange gehalten werden. Manchmal werden nur einzelne dieser Tricks angewendet, viel öfter aber greifen Sie ineinander und verstärken sich gegenseitig.

Das vielleicht wichtigste und zugleich gefährlichste Prinzip ist das der Endlosigkeit. Die Autoplay-Funktion zum Beispiel des Streamingdienstes Netflix, die automatisch eine neue Serienfolge abspielt, haben wir bereits kennengelernt. Doch regelmäßige Zwischenstopps, an denen wir zumindest kurz innehalten und uns fragen, ob wir mit dem, was wir gerade tun, fortfahren wollen oder nicht, sind wichtig. Denn sie geben uns die Chance zu realisieren, dass wir längst etwas anderes tun wollten. Für die meisten Digitalfirmen ist es deshalb wichtig, solche Zwischenstopps oder Endpunkte von Intervallen möglichst zu eliminieren. Aus diesem Grund haben fast alle Social-Media-Apps inzwischen einen »infinite scroll«: einen Feed an Nachrichten, Bildern oder Videos, den man endlos durchscrollen kann und mit dem man niemals fertig wird. Wozu das führen kann, wies der US-Ernährungsforscher Brian Wansink nach, als er 2005 Testpersonen Suppe löffeln ließ.[32] Zwei Gruppen von Probanden sollten so lange essen, bis sie das

Gefühl hatten, satt zu sein. Die eine Testgruppe bekam ihren Teller dabei von einem Kellner nachgefüllt. Bei der anderen Gruppe füllte sich der Teller durch eine Öffnung im Boden unmerklich von selbst nach. Das Ergebnis: Die Gruppe mit ewig selbst nachfüllenden Tellern aß 73 Prozent mehr, bis sie ein Sättigungsgefühl wahrnahmen – fühlte sich danach aber nicht satter oder zufriedener. Sogar Nachrichtenseiten wenden inzwischen die Taktik des endlosen Suppentellers an: Viele von ihnen schicken einen, wenn man am Ende eines Artikels angelangt ist, automatisch und ohne dass man klicken müsste, wieder zurück zur Startseite. Dort warten schon die nächsten Artikel, und der Kreislauf beginnt von vorne.

Das süße Gefühl der Kontrolle

Ein anderer Mechanismus, bei dem der Vergleich mit dem »Spielautomaten in unserer Hosentasche« besonders passend erscheint, ist das sogenannte *pull-to-refresh*. In vielen Apps muss man den Bildschirm nur kurz nach unten ziehen, um aktualisierte Informationen zu laden: neue E-Mails, neue Tweets oder neue Fotos im Facebook-Feed. Manchmal fördert dieses Ziehen jedoch keine neuen Inhalte zutage. Aber genau so, wie man bei einem Casino-Automaten manchmal gewinnt und manchmal nicht, ist es genau diese Unberechenbarkeit, die den Reiz ausmacht. In vielen Fällen wäre es übrigens gar nicht mehr nötig, neue Inhalte durch das Herunterziehen des Bildschirms zu laden. Die meisten Apps könnten das inzwischen längst automatisch im Hintergrund erledigen. Aber wir Menschen mögen das Gefühl, die Kontrolle zu haben und mit unserem Handeln Dinge auslösen und bestimmen zu können. Nach unten zu wischen, um neue Inhalte zu laden, so wie man am Hebel eines einarmigen Banditen zieht, um ein neues Spiel zu starten, bringt also eine größere Befriedigung und damit ein größeres Suchtpotenzial mit sich, als wenn diese Inhalte automatisch und von selbst erscheinen würden.

Häufig wird *pull-to-refresh* mit einer weiteren Manipulationstechnik verknüpft: der Mini-Verzögerung. Nach dem Abwärtsziehen erscheint für ein oder zwei Sekunden ein kleines sich drehendes Rädchen – dann erst werden neue Inhalte angezeigt. In vielen Fällen passiert diese Verzögerung komplett unabhängig von eventuellen Ladezeiten oder der Geschwindigkeit der Internetverbindung. Sie dient lediglich dazu, die Vorfreude auf die folgende Stimulation zu steigern. Sie gibt unserem inneren Paketboten Zeit, eine erste kleine Dopamin-Vorablieferung zuzustellen. Quasi als Vorgeschmack auf den eigentlichen Dopamin-Schub, der ausgeschüttet wird. Die Twitter-App arbeitet ähnlich: Nach dem Öffnen zeigt diese zuerst einen hellblauen Bildschirm, auf dem der stilisierte weiße Vogel kurz pulsiert, bevor die neuesten Tweets erscheinen. Dass solche Verzögerungen längst nicht mehr technisch notwendig sind, beweisen Kamera- oder Kalender-Apps. Diese öffnen sich ganz ohne großen Trommelwirbel. Denn dieser hat nur einen Zweck: den der psychologischen Manipulation.

Unsere Aufmerksamkeit ist für soziale Netzwerke überlebensnotwendig. Deshalb schicken sie uns bei jedem Sack Reis, der auf ihrer Plattform umfällt, eine Nachricht. Was genau passiert ist und ob das für uns relevant ist, verraten Sie jedoch nicht. Wahrscheinlich kennt jeder diese E-Mail-Benachrichtigungen, die man beispielsweise von Facebook oder LinkedIn bekommt (sofern man sie nicht abbestellt hat): »Dein Freund Markus hat ein neues Foto gepostet« oder »Dein Kontakt Ursula hat dir eine Nachricht geschrieben«. Doch all diese Informationen sind erst einmal wertlos, denn wir müssen stets die Webseite oder App öffnen, um zu sehen, was das neue Foto oder die Nachricht ist. Wäre es nicht viel nutzerfreundlicher, wenn man das neue Foto, das Markus gepostet hat, oder die Nachricht von Ursula direkt in der Mail sehen könnte?

Unsere Sehnsucht nach Gegenseitigkeit

Für den Menschen sind soziale Kontakte zu anderen seit jeher ein wesentliches Bedürfnis. Auch diese Tatsache nutzen App-Entwickler regelmäßig aus. Snapchat zum Beispiel führte vor einiger Zeit Streaks ein, auf Deutsch etwa: Strähnen oder Serien. Wer mit einer Freundin oder einem Freund hin- und herschreibt, sieht nach ein paar Tagen ein kleines Flammensymbol neben der Konversation. Dieses Symbol steht für die Strähne, und eine Zahl daneben gibt an, seit wie vielen Tagen die Chat-Teilnehmer schon ohne Unterbrechung miteinander kommunizieren. Egal, ob es also an einem Tag wirklich etwas zu sagen gibt oder nicht – keiner der beiden will derjenige sein, der den Ball fallen, also in diesem Fall die Chat-Strähne abreißen lässt. Die eigentlich positive und sinnvolle Motivation (sich freiwillig mit Freunden über Dinge austauschen, die einen bewegen) wird also durch eine schiere Pflichtübung ersetzt. Es geht also letztlich gar nicht mehr um die Qualität der Freundschaft oder des Austauschs, sondern einzig und allein darum, ob täglich ein Smiley oder ein »Wie geht's?« hin- und hergeschickt werden oder nicht. Ein anderes Beispiel: Das berufliche Netzwerk LinkedIn nutzt unsere soziale Ader aus, indem es dazu auffordert, Menschen, mit denen man zusammengearbeitet hat, bestimmte berufliche Fähigkeiten zu attestieren. Hat einem jemand bestätigt, dass man der beste Webdesigner der Welt ist – wie könnte man es dieser Person dann verwehren, auch ihr im Gegenzug eine Fähigkeit zu bescheinigen, die eventuell für ihr Fortkommen wichtig ist?

Reziprozität ist der Fachbegriff dafür, dass wir es nicht gut aushalten können, ein Geschenk nicht zu erwidern. Wie tief dieses Prinzip in der menschlichen Natur verankert ist, beschrieb der polnische Sozialanthropologe Bronisław Malinowski bereits 1922 in seinem Buch »Argonauten des westlichen Pazifik«. Dort schildert er, wie die Bewohner der vor der Küste Australiens liegenden Trobriand-Inseln Halsketten und Armbänder aus Muschelplättchen austauschen, um sich ihres Zusammenhalts und der gegenseitigen Gastfreundschaft zu versichern. Rote Halsketten werden dabei zwischen den etwa kreisförmig angeordneten Inseln im Uhrzeigersinn ausgetauscht, weiße Armbänder gegen den Uhrzeigersinn. Dieser Schmuck muss regelmäßig weitergeschenkt werden und begleitet einen parallel stattfindenden Austausch von Wirtschaftsgütern. Ein moderneres Beispiel für die Macht der Reziprozität ist der Kaffee, den ein Luxusgeschäft einem Kunden anbietet, während dieser sich umsieht. In dem Wissen, dass er nicht nur länger verweilt, wenn er annimmt – sondern es ihm auch schwererfällt, den Laden wieder zu verlassen, ohne etwas gekauft zu haben.

Auch bei Spielen wie Pokemon Go können sich Spieler gegenseitig Geschenke schicken – allerdings jeden Tag nur jeweils eines. Das erfüllt gleich zwei Funktionen auf einmal: Wenn ich Geschenke erhalte, verspüre ich sozialen Druck, diese Geschenke zu erwidern. Und wenn die Geschenke täglich kommen, muss auch ich mich täglich einloggen, um mich zu revanchieren – da ich ja nicht nachträglich zehn auf einmal schicken kann. Sehr viele Smartphone-Spiele verfügen inzwischen über solche Mechanismen, die Freunde einbeziehen. Helfen diese zum Beispiel, eine allein unlösbare Aufgabe im Spiel zu bewältigen, appelliert das wiederum an das menschliche Bedürfnis nach Reziprozität. Wer mir geholfen hat, dem muss ich das nächste Mal auch helfen. Also besser täglich ins Spiel einloggen!

Gruppendruck in der Spielwelt

Spieleentwickler sind wohl insgesamt die unangefochtenen Großmeister der Psychotricks und Suchtmechaniken. Fast alle erfolgreichen Spiele machen inzwischen soziale Interaktion nötig. Man spielt nicht allein, sondern gegen andere, noch häufiger aber mit ihnen zusammen. Das klingt erst einmal positiv. Wer will schon das Klischee vom einsamen Gamer erfüllen, der ohne Freunde, aber mit Cola und Chipstüte vor sich hin zockt? Sich über das Spiel digital mit anderen zu vernetzen macht Spaß und kann einem das Gefühl geben, man würde etwas mit Freunden unternehmen. Damit soll nicht bestritten werden, dass es nicht Spiele gibt, in denen man tatsächlich mit Freunden gemeinsam spielen, Spaß haben und sich – zum Beispiel über Sprachchat – austauschen kann. Oft ist aber eine wirkliche Unterhaltung gar nicht möglich, und man kann nur über Dinge wie Geschenke miteinander kommunizieren.

Doch die Gruppendynamik kann es schwer machen, den Spielkonsum zu kontrollieren, zu reduzieren oder gar ein Spiel komplett an den Nagel zu hängen. In vielen Spielen gibt es sogenannte Gilden, Clans oder Allianzen, in denen sich Spielerinnen und Spieler zu Gruppen zusammentun. Auch hier kann man Geschenke an die anderen Mitglieder verschicken, und grundsätzlich hat jeder in der Gruppe Vorteile, wenn alle anderen so viel spielen wie möglich. Es gibt Boni, wenn gemeinsame Ziele erreicht werden, und meist steht man vor Herausforderungen, die allein gar nicht zu bewältigen sind, sondern gemeinsame Aktionen der Gruppe erfordern. Wer will da schon derjenige sein, der seinen Clan im Stich lässt, nur weil er sich vorgenommen hat, ab sofort etwas weniger aufs Smartphone zu schauen?

Ein anderer Mechanismus, mit dem Spiele uns in ihren Bann ziehen, sind anfänglich schnelle und häufige Belohnungen, die dann immer seltener werden. In vielen Spielen geht es darum, die eigene Spielfigur besser werden zu lassen, hochwertige Ausrüstung oder Fähigkeiten zu erhalten oder generell in höhere Spielstufen aufzusteigen. Anfangs passiert das alle paar Minuten, dann nur noch alle paar Tage, nach einer Weile nur noch alle paar Wochen oder gar Monate. Die Folge: Je länger es bis zum nächsten Aufstieg normalerweise dauern würde, desto mehr spielt man – oder man investiert Geld über sogenannte In-App-Käufe, um den sich immer weiter verlangsamenden Vorgang wieder zu beschleunigen. Meist ist es nur ein einstelliger Prozentsatz der Spieler, die bei den kostenlosen, sogenannten Free2Play-Spielen zum Geldbeutel greifen und sich durch In-App-Käufe kleine Vorteile im Spiel erkaufen. Doch wenn sie es tun, wird es für die Hersteller sehr lukrativ. Die Marktforschungsfirma Slice Intelligence fand heraus, dass diejenigen, die bei »Game of War« die Schwelle zum Bezahlen überschritten haben, im Durchschnitt 549,69 Dollar pro Jahr dafür ausgeben. Bei »Clash of Clans« liegt diese Zahl (genannt ARPPU, Average Revenue Per Paying User) bei 112,99 Dollar jährlich.[33]

Insgesamt lässt sich festhalten: Je mehr man in ein Spiel investiert hat – sei es Zeit oder Geld oder beides –, desto schwieriger wird es aufzuhören. Nun hat man schon so viel Zeit damit verbracht, seinen Bauernhof, sein Eishockey-Team oder seine Burg auf Level 83 aufzubauen – wäre es nicht ein Jammer, jetzt das Spiel vom Handy zu löschen? Wäre dann nicht alles für die Katz gewesen?

Nun, eigentlich liegt es im Wesen des Spielens, dass es letztlich zu nichts gut ist, dass es keinen weiteren Zweck verfolgt. Dass also alles, was man beim Spielen tut, in gewisser Weise für die Katz ist. Es ist schließlich nur ein Zeitvertreib, etwas, das man rein zur Freude tut, ohne Zwang und ohne weitergehende Interessen. Bei vielen Spiele-Apps ist das aber nicht der Fall: Dort geht es inzwischen oft nur noch um Geduld und Selbstbeherrschung. Wer Spiele wie »World of Tanks«, »Candy Crush Saga« oder »Clash of Clans« spielt, wird permanent mit verlockenden Abkürzungen konfrontiert: »Warte 48 Minuten, bis dein Magier wieder einsatzbereit ist – oder heile ihn sofort für 37 Diamanten«; »Hoffe darauf, dass über Nacht kein anderer Spieler deine Burg überfällt und dein Gold klaut – oder schütze dich für 0,99 Euro«. Was eigentlich ein Spiel sein sollte, wird zum ewigen Marshmallows-Test, bei dem Kinder vor die Wahl gestellt wurden, angebotene Süßigkeiten entweder sofort zu essen oder später noch eine zweite zu bekommen, falls sie der Versuchung widerstanden.[34]

Nur scheinbar die freie Wahl

»Ich habe jeden schmutzigen Trick angewendet, den es gibt, um von Anfang an gute Umsätze zu machen«, hat Mark Pincus einmal zugegeben.[35] Pincus war damals der CEO der Spielefirma Zynga, die beispielsweise Titel wie »Farmville« oder »MafiaWars« entwickelt hat. In Onlinespielen mögen sich die schlimmsten und dreistesten Beispiele für Manipulation und Trickserein finden, doch solche Methoden sind längst nicht allein auf diese Branche beschränkt – oft finden wir sie auch in anderen Apps oder Webseiten. Die unterschwellige Manipulation reicht dabei bis hinein ins kleinste Detail, wie zum Beispiel die Gestaltung eines Okay-Buttons, mit dem wir etwas bestätigen sollen. Achten Sie einmal darauf: Nur selten sind bei solchen Auswahlmöglichkeiten die beiden Optionen A oder B (zustimmen oder ablehnen, anmelden oder nicht anmelden, kaufen oder abbrechen) gleichwertig gestaltet. Die Option, die für das Unternehmen besser ist, ist in der Regel ein großer, farbiger Button. Die andere Option (die zum Beispiel für »Nein, ich möchte nicht mein gesamtes Adressbuch hochladen« oder »Ich überlege mir das mit dem kostenpflichtigen Abo noch einmal« steht) ist klein und unscheinbar, oft in einem hellen Grau dargestellt, sodass man sie leicht übersieht. Häufig gibt es gar nicht zwei Schaltflächen für Ja oder Nein, sondern nur eine für Ja, die unter Umständen nicht einmal klar und deutlich mit »Ja« benannt ist, sondern manchmal auch mit »Weiter« – so als gäbe es gar keine Alternative. Wer sich für Nein entscheiden will, muss dafür ein kleines weißes x oben rechts in der Ecke klicken, das es erst einmal zu entdecken gilt. Interface-Experten nennen solche manipulativen und nutzerfeindlichen Designs *Dark Patterns*. Auf den Webseiten darkpatterns.org und darkpatterns.games gibt es zahlreiche visuelle und gut erklärte Beispiele dafür. Es ist ganz lehrreich, sich diese einmal anzuschauen, und man ist danach gegen so manchen visuellen Manipulationsversuch geschützt.

Die Macht der Gewohnheit

Für die allermeisten Menschen geht ein Großteil ihrer Smartphone-Nutzung auf Gewohnheiten zurück. Gewohnheiten wohlgemerkt, die erst innerhalb der letzten Dekade entstanden sind, in der sich die Smartphones rasant ausgebreitet haben. Wir haben es uns in dieser kurzen Zeit angewöhnt, unsere Geräte mit einer unbewusst einstudierten, flüssigen Bewegung, die jeden Taschendieb oder Magier beeindrucken würde, herauszuholen, wenn ...

... wir schnell nachschauen wollen, aus welcher anderen Serie wir die Schauspielerin oder den Schauspieler im Fernsehen kennen.
... wir im Supermarkt an der Kasse warten müssen und nur das leiseste Anzeichen von Langeweile verspüren.
... wir uns nach Bestätigung sehnen, die neue Follower, neue Likes oder Tinder-Matches uns versprechen.
... wir durch Klingeln oder Vibrieren darauf aufmerksam gemacht werden, dass irgendeine App eine neue Benachrichtigung für uns hat, egal wie relevant oder irrelevant diese ist.
... jemand in unserer Gegenwart sein Smartphone herausholt.

Es gibt noch unzählige andere Beispiele für solche Gewohnheiten. Zusammen führen sie zu den absurd hohen Zahlen, wie sie in den Nutzungsstatistiken unserer Smartphones stehen. Dabei sind Gewohnheiten alles andere als schlecht. Im Gegenteil, sie machen unser Leben überhaupt erst beherrschbar. Stellen Sie sich vor, Sie müssten jedes Mal aufs Neue entscheiden, ob Sie sich morgens die Zähne putzen oder nicht. Und müssten anschließend darüber nachdenken, in welcher Reihenfolge Sie dabei vorgehen. Oder Sie müssten an jeder Kreuzung auf dem Weg zur Arbeit, zur Uni oder nach Hause neu abwägen, welche Route die beste ist. Nein, gegen Gewohnheiten ist erst einmal nicht das Geringste zu sagen. Aber es ist wichtig, sie zu verstehen, um sie zu unseren Gunsten einsetzen zu können und zu verhindern, dass sie uns im Weg stehen.

Auslöser + Verhalten + Belohnung = Gewohnheit

Gewohnheiten fallen nicht vom Himmel. Diejenigen die alt genug sind, können sich bestimmt noch gut daran erinnern, dass sie früher im Supermarkt an der Kasse stehen konnten, ohne das Smartphone herauszuziehen. Und die Zigarette nach dem Essen, die für manche Raucher »einfach dazugehört«, haben sie erst im Laufe ihrer Raucherkarriere als Ritual etabliert. Doch wie entstehen Gewohnheiten? Die Verhaltensforschung hat im Lauf der Jahrzehnte drei Bestandteile gefunden, die dabei zusammenspielen müssen: **Auslöser, Verhalten** und **Belohnung.**

- **Auslöser** (englisch *cue* oder *trigger*): eine bestimmte Uhrzeit oder Situation, die eine Gewohnheit ebenso auslösen kann wie eine bestimmte Tätigkeit, bestimmte Personen oder Gefühlslagen. Die Fressattacke am frühen Nachmittag ist dafür ein Beispiel, und auch die schon zum Klischee gewordene Zigarette nach dem Sex.
- **Verhalten** (englisch *routine* oder *behaviour*): das eigentliche Verhalten, in dem sich die Gewohnheit ausdrückt – also der nachmittägliche Kuchen oder die besagte Zigarette im Bett.
- **Belohnung** (englisch *reward*): das Gefühl, das sich nach der Ausübung des Verhaltens einstellt. Dieses Gefühl korrekt zu deuten ist manchmal gar nicht so einfach.

Hat uns das Kuchenstück aus dem nachmittäglichen Durchhänger befreit, weil uns der Zucker neue Energie gibt? Oder war uns einfach nur langweilig – und der Gang zum Bäcker oder in die Kantine hat uns Abwechslung verschafft? Dieser Punkt ist ganz entscheidend, wenn wir Gewohnheiten durchschauen, verstehen und womöglich ändern wollen.

Die genannten drei Bestandteile werden in einem Kreislauf wieder und wieder durchlaufen. Das heißt, dass nach jeder Belohnung der nächste Auslöser folgt. Manchmal schneller hintereinander, manchmal in größerem Abstand. Oft ist auch noch von einem vierten Bestandteil in diesem Gewohnheitskreislauf die Rede, er wird **Verlangen** oder Begierde genannt (englisch *craving*). Dieses Verlangen geht auf die Tatsache zurück, dass bei vielen eingeschliffenen Gewohnheiten eine erste Dopamin-Ausschüttung in unserem Gehirn schon erfolgt, bevor die eigentliche Belohnung eingetroffen ist. Die Erwartung der Belohnung reicht also schon, um uns ein wenig zu elektrisieren. Was es wiederum umso schwerer macht, den Kreislauf an dieser Stelle zu unterbrechen. Wir schmecken das Kuchenstück quasi schon, bevor wir es auf dem Teller haben.

Die Erfindung eines Rituals

Selbst Gewohnheiten, die uns heute vollkommen normal und natürlich erscheinen, sind in vielen Fällen künstlich erzeugt. Der Autor und Gewohnheits-Experte Charles Duhigg beschreibt in seinem Buch »The Power of Habit«, wie das tägliche Zähneputzen zur menschlichen Gewohnheit wurde – genauer gesagt: gemacht wurde.[36] Bis zu Beginn des 20. Jahrhunderts putzte sich noch kaum jemand regelmäßig die Zähne. Das sollte sich ändern, als der amerikanische Werbeprofi Claude C. Hopkins von einem alten Freund um Hilfe gebeten wurde. Hopkins hatte Seife von Palmolive und Bier der US-Marke Schlitz zum Erfolg geführt. Besagter Freund wollte nun, dass Hopkins dasselbe für seine neue Erfindung erreichte: eine Zahnpasta namens Pepsodent.

Der Kreislauf aus Auslöser, Verhalten und Belohnung war damals noch längst nicht von Psychologen und Verhaltensforschern wissenschaftlich etabliert worden. Aber der Werbeprofi Hopkins muss über die nötige Intuition verfügt haben, denn es gelang ihm, genau diesen Kreislauf in Gang zu setzen. Sein Auslöser: das Erfühlen von Zahnbelag – Hopkins nannte es »den Film« – mit der Zunge. »Warum sollte eine Frau einen ekligen Film auf ihren Zähnen haben wollen?«, fragten Werbeplakate und versprachen: »Pepsodent entfernt den Film«. Auf anderen Plakaten stand: »Fahren Sie einmal mit Ihrer Zunge über Ihre Zähne. Sie werden einen Film spüren – der ist für die Verfärbung Ihrer Zähne verantwortlich und beschleunigt ihren Verfall«.

Sachlich ist gegen Hopkins' Argumentation nichts einzuwenden. Plaque ist tatsächlich eine Ursache für zahlreiche Zahnprobleme. Was dem Werber aber gelang: auf einen täglich erkennbaren Auslöser hinzuweisen (»Uääh, meine Zähne fühlen sich ja total eklig an!«), der zu einem nicht allzu aufwendigen Verhalten führte (»Besser schnell mal Zähneputzen!«) und als Belohnung ein schönes Lächeln und gesunde Zähne versprach. Der Absatz von Pepsodent ging laut Duhigg kurz nach der Kampagne durch die Decke, und die Firma wurde zur jahrelang international führenden Zahnpastamarke. Der Erfolg bescherte Hopkins mehr als eine Million Dollar – für die man damals deutlich mehr bekam als heute.

Der eigentliche Clou war jedoch, dass Hopkins und Pepsodent es schafften, neben einem wirkungsvollen Auslöser auch ein mächtiges Verlangen zu etablieren. Verlangen, der vierte Bestandteil des Gewohnheitskreislaufs, kann darüber entscheiden, ob sich eine Gewohnheit etabliert oder nicht. Im Fall von Pepsodent war es die Rezeptur, die für dieses Verlangen sorgte: Im Gegensatz zu anderen Zahnpasten dieser Ära war Pepsodent damals die einzige, die kleine Mengen Zitronensäure, Minzöl und ein paar andere Inhaltsstoffe enthielt. Eigentlich waren diese dazu gedacht, die Haltbarkeit zu erhöhen und zu verhindern, dass die Zahnpasta klebrig wurde. Die Stoffe sorgten jedoch auch für eine leichte Reizung und ein Kribbeln im Mund – eines, das wir bis heute mit sauberen Zähnen und »Frische« assoziieren, auch wenn sich die genauen Zutaten seitdem sicherlich geändert haben.

Als Konkurrenten nach dem jahrelangen massiven Erfolg Pepsodent-Kunden nach dem Grund für ihre Vorliebe befragten, gaben diese an, dass es genau dieses prickelnde Frischegefühl war, das dafür sorgte, dass sie nur sehr selten vergaßen, ihre Zähne zu putzen. Denn sie würden sonst dieses Gefühl, das sie ursprünglich irritiert hatte, vermissen. Und das führte im Lauf der Zeit dazu, dass sie sich an das Zähneputzen gewöhnten.

Natürlich dauerte es nach dieser Erkenntnis nicht lange, und andere Hersteller fügten ihren Zahnpasten ebenfalls die entsprechenden Stoffe hinzu. Also konnte nach dem Auslöser des erfühlten Zahnbelags jede Zahnpasta in etwa gleich gut die Belohnung schöner Zähne bieten und das Verlangen nach Mundgebritzel stillen. Die Zeiten von Pepsodents uneingeschränkter Vorherrschaft in den Badezimmern ging somit zu Ende.

Wie uns das Smartphone an sich bindet

Auch bei unserer Smartphone-Nutzung entstehen die Gewohnheiten nach demselben Prinzip von Auslöser, Verhalten und Belohnung – und dem Verlangen, das den Kreislauf in Gang hält.

Der Auslöser kann das durchdringende »Dinggg!« einer Benachrichtigung sein oder die Langeweile an der Bushaltestelle.

Das Verhalten ist die Nutzung einer oder mehrerer Apps. Denn wenn beispielsweise Langeweile der Auslöser ist und in der ersten App keine neuen Nachrichten oder Ähnliches eingegangen sind, wird eben die nächste geöffnet.

Die Belohnung ist je nachdem eine neue E-Mail, neue Likes, eine schockierende News-Meldung oder ein neu gefangenes Pokemon. Es ist dabei gar nicht entscheidend, ob die neue Mail einen positiven oder wertvollen Inhalt hat. Wir haben ja bereits gelernt, dass die Unberechenbarkeit von Belohnungen deren Reiz erst so richtig erhöht.

Das Verlangen nach diesen Belohnungen, also das Antizipieren des Dopamin-Schubs, ist es schließlich, das die Gewohnheit als solche verfestigt.

Doch wie können wir nun die Smartphone-Gewohnheiten abstellen, die uns stören oder ärgern? Wie können wir die Routinen, die wir als Belastung oder Zeitverschwendung empfinden, durchbrechen? Schauen wir uns die einzelnen Bestandteile der Reihe nach an.

Die **Auslöser** sind beim Smartphone nur zum Teil zu eliminieren. Sicherlich, wir können dafür sorgen, dass es sich seltener ungebeten zu Wort meldet (im Lauf der 30-Tage-Challenge werden wir uns detailliert ansehen, wie das genau funktioniert). Aber zahlreiche andere Faktoren lassen sich nicht so einfach abschalten: Das Gerät selbst – sein Anblick, seine Haptik – ist bereits an sich ein Auslöser. Auch wenn es vermeintlich unschuldig auf dem Tisch liegt oder wir es in unserer Hosentasche spüren. Wir werden auch nicht all den Menschen aus dem Weg gehen können, die gerade SMS schreiben oder durch ihren Instagram-Feed scrollen. An der Bushaltestelle hängt Werbung für Facebook, und wenn wir uns fragen, wie das Wetter morgen wird, werden wir nicht in den Himmel schauen und Wolken und Schwalbenflughöhe analysieren, sondern den Impuls haben, nach dem Smartphone zu greifen. All das sind folgenreiche Auslöser. Denn meist bleibt es ja nicht bei der schnell nachgeschauten Wettervorhersage, sondern wir drehen im Anschluss gleich eine Runde durch unsere Lieblings-Apps. Und fragen uns nach einer halben Stunde, wo die Zeit geblieben ist. Alle Auslöser für den

Griff zum Smartphone restlos eliminieren zu wollen ist also nicht sehr erfolgsversprechend. Wir müssen die Gewohnheiten anders angehen.

Vielversprechender ist es da schon, beim **Verhalten** selbst anzusetzen, mit dem Ziel, die Routinen selbst zu ändern beziehungsweise neue aufzubauen. Dazu ist es allerdings nötig herauszufinden, welche Bedürfnisse unsere aktuellen Verhaltensweisen tatsächlich stillen und wie wir diese Bedürfnisse vielleicht anderweitig erfüllen können. Wenn wir beispielsweise feststellen, dass es die große Nachmittagsschlappheit ist, die uns zur Kuchengabel greifen lässt, könnte ein Nickerchen oder ein kurzer Spaziergang an der frischen Luft einen ähnlichen Effekt bieten. Wenn es jedoch eher Langweile ist oder die Aussicht, bei Kaffee und Kuchen in der Kantine einen Plausch mit den Kollegen halten zu können, dann müssen wir eher dort ansetzen und nach Alternativen suchen. Ein kurzes Telefonat mit jemandem, den wir mögen, oder ein Besuch des Lieblingskollegen an dessen Schreibtisch kann die geistige Ödnis ja ebenso wirkungsvoll beseitigen. Derselbe Unterhaltungswert – ganz ohne Kalorien! Der Werbeguru Claude C. Hopkins wäre begeistert. Auch beim Smartphone gilt es herauszufinden, was unser eigentliches Bedürfnis ist, dass uns – getriggert von einem Auslöser – zum Gerät greifen lässt. Ist es Langeweile oder vielmehr die Angst, etwas zu verpassen? Ist es der Wunsch nach sozialer Anerkennung oder falsch verstandenes berufliches Pflichtgefühl? Ist es die Sehnsucht nach Nähe oder einfach der Wunsch, uns abzulenken und uns nicht mit dem auseinanderzusetzen, was uns wirklich beschäftigt? Erst wenn wir wissen, welches

Motiv hinter dem Griff zum Smartphone steckt, haben wir eine Chance, Alternativen zu entwickeln. Auch das werden wir im Lauf der 30-Tage-Challenge im nächsten Abschnitt gemeinsam Schritt für Schritt lernen.

Beim dritten Bestandteil des Gewohnheits-Kreislaufs, den **Belohnungen**, lässt sich ebenfalls ansetzen. Hier muss man allerdings aufpassen, dass man sich nicht zu ambitionierte Ziele setzt und jegliche Art von Belohnung abschafft. Wer sich zu radikal selbst kasteit, legt den Grundstein für das eigene Scheitern. Man sieht das an Diäten, die nur auf vollkommenem Verzicht und strengster Entsagung basieren. Diese funktionieren nach ein paar Tagen eiserner Willensstärke meist eher schlecht und führen schlimmstenfalls zu einem Jojo-Effekt. Das Gleiche gilt für den Smartphone-Konsum: Wenn wir uns vornehmen: »Ich werde ab jetzt einfach gar keine Zeit mehr mit dem Ding verplempern«, werden wir das in den allermeisten Fällen nicht schaffen. Der Frust über das Scheitern wird dann wiederum dazu führen, dass wir uns schlecht fühlen und hinterher mindestens genauso viel aufs Smartphone schauen wie zuvor. Sinnvoller ist es, sich zum einen alternative Belohnungen zu überlegen – und zum anderen ein gelegentliches Straucheln zu verzeihen. Wenn Sie im Lauf der 30-Tage-Challenge merken, dass das schwarze Loch namens Social Media Sie doch wieder einmal für eine Stunde verschluckt hat: Seien Sie nicht zu streng mit sich. Und sehen Sie es vor allem nicht als Zeichen, dass Sie versagt haben und das Ganze sowieso keinen Sinn hat. Auch bei einer Umstellung der Ernährung erlauben viele Experten ja einen sogenannten Cheat Day, an dem es auch mal den heiß geliebten

Nachtisch geben darf. Sinnvoller, als sich vorzunehmen, ab sofort nie wieder etwas anderes als Reiswaffeln und Selleriestangen zu essen, ist ja die Frage, was denn wertvolle und abwechslungsreiche Nahrungsmittel sind, die einem guttun und dabei nicht schmecken wie Pappkarton. Wenn es sich nicht wie Entsagung anfühlt und man nicht die Tage zählt, bis es endlich vorbei ist und man wieder zum vorherigen Status quo zurückkehren kann, ist der Erfolg nicht nur nachhaltiger, sondern auch von Anfang an wahrscheinlicher.

Wir haben also gesehen, dass man grundsätzlich an allen drei Bestandteilen des Gewohnheits-Kreislaufs ansetzen kann: an den Auslösern, dem Verhalten und den Belohnungen. Am wichtigsten sind sicherlich die letzten beiden Punkte. Aber wenn man alle drei gleichzeitig überdenkt und neu strukturiert, bekommt man darüber auch den vierten Einflussfaktor in den Griff: das Verlangen, das den oft so unwiderstehlich erscheinenden Sog des Smartphones eigentlich ausmacht.

Jetzt aber los!

Ich hoffe, ich konnte Ihnen in diesem ersten Teil des Buches nahebringen, warum Sie nicht allein sind mit dem Gefühl, dass es gut wäre, etwas seltener zum Smartphone zu greifen. Die Geräte und ihre Software sind so gestaltet, dass wir sie immer häufiger und immer länger nutzen – egal, ob das in unserem Sinne und gut für uns ist oder nicht. Die Geschäftsmodelle der größten und umsatzstärksten Firmen der Welt basieren darauf, unsere Aufmerksamkeit zu binden. Ob wir den daraus resultierenden Zustand nun Sucht nennen oder nicht, ist zweitrangig. Denn die Konsequenzen sind in jedem Fall gravierend und messbar. Und waren es anfangs nur wenige, die vor den Folgen der stetig steigenden Nutzung gewarnt haben, sind es inzwischen auch zahlreiche der Erfinder dieser mächtigen Netzwerke und ihrer Mechanismen, die bereuen, was sie getan haben – oder zumindest ihre eigenen Kinder davon fernhalten.

Gleichzeitig ist es wichtig zu verstehen, dass die Macht, die die Smartphones über uns haben, nichts ist, wofür wir uns schämen müssen. Es hat nichts mit Versagen oder Willensschwäche zu tun, wenn wir nicht von »Candy Crush« oder TikTok, von Newstickern oder Twitter lassen können. Es ist vielmehr ein ungleicher Kampf, in dem die Voraussetzungen zu unseren Ungunsten ausfallen. Das heißt aber nicht, dass dieser Kampf aussichtslos ist. Wir haben ihn bereits gemeinsam aufgenommen, als Sie anfingen, dieses Buch zu lesen. Auf den nächsten Seiten tritt er in die entscheidende Phase ein. Ein kleiner Tipp: Wenn Sie es einrichten können, starten Sie die Challenge an einem Montag.

Los geht's!

TEIL 2
Die 30-Tage-Challenge

Woche 1

Tag 1 Datum: ____________

Auch die größte Reise beginnt bekanntlich mit dem ersten Schritt. In unserem Fall fängt sie damit an, dass Sie sich einen Wecker kaufen, falls Sie keinen besitzen. Und wenn Sie schon dabei sind: Besorgen Sie sich auch gleich eine Armbanduhr – oder statten Sie die, die seit Jahren in Ihrer Schreibtischschublade schlummert, mit neuen Batterien aus. Dann müssen Sie nicht jedes Mal das Smartphone rausholen, wenn Sie wissen wollen, wie spät es ist.

Große Reisen machen außerdem mehr Spaß – und sind einfacher zu bewerkstelligen –, wenn man sie gemeinsam unternimmt. Vielleicht haben Sie ohnehin bereits mit Ihrer Familie oder im Freundeskreis darüber gesprochen, dass Sie mithilfe dieses Buches Ihre Smartphone-Nutzung einschränken wollen. Vielleicht haben Sie auch schon Menschen gefunden, die die Challenge mit Ihnen zusammen durchziehen möchten. Falls ja – gut gemacht! Denn es ist so ähnlich wie beim Sport oder beim Lernen in der Schule: Wenn wir uns allein aufraffen müssen, ist es manchmal schwer, den inneren Schweinehund zu überwinden. Wenn wir aber verabredet sind – sei es zu einer Joggingrunde oder um gemeinsam für eine Prüfung zu lernen –, dann verbietet es uns meist der eigene Anstand, den anderen hängen zu lassen.

Das Gleiche gilt für diese Challenge. Mit jeder Person, die gemeinsam mit Ihnen antritt, erhöhen Sie Ihre eigenen Chancen, die 30 Tage problemlos durchzustehen. Falls Sie es also noch nicht getan haben, fragen Sie in Ihrer Familie, Ihrem Freundeskreis, unter Ihren Arbeitskolleginnen und -kollegen, im Buchklub oder im Sportverein nach, wer Lust hätte mitzumachen. Und auch wenn es kurios klingt: Scheuen Sie sich nicht, per Social Media nach Mitstreiterinnen und Mitstreitern zu suchen. Die Personen, die Ihre Nachricht dort als Erste sehen, haben die Challenge vielleicht am nötigsten. Ein Posting auf Facebook, dass Sie die Challenge wagen wollen, hat außerdem den Vorteil, dass Sie sich damit selbst ein bisschen in die Pflicht nehmen, es auch wirklich zu tun.

Checkliste:

☐ Wecker besorgt
☐ Armbanduhr besorgt (optional)
☐ Freunde zum Mitmachen eingeladen

Mein Challenge-Team:

NAME	ANGEFRAGT	MACHT MIT

Konnten Sie ein paar Freundinnen oder Kollegen, Ihre Familie oder Menschen aus Ihrem Sportverein überzeugen, ebenfalls die Challenge zu absolvieren? Wenn diese erst ein oder zwei Tage später einsteigen, ist das nicht dramatisch. Sie müssen die Challenge nicht exakt im selben Zeitraum machen, um von den Vorteilen in Bezug auf Motivation und Erfahrungsaustausch zu profitieren. Das Schlechteste wäre, wenn Sie auf jemanden warten, der zwar angekündigt hat mitzumachen – dann aber nie loslegt. Also: Mitstreiter sind gut, machen Sie aber notfalls Ihr eigenes Ding!

Notieren Sie sich nun die tägliche Durchschnittsdauer Ihrer Smartphone-Nutzung. Sie finden sie in den Einstellungen (bei iOS unter »Bildschirmzeit«, bei Android unter »Digital Wellbeing«). Falls Sie ein älteres Modell besitzen und sich eine Tracking-App heruntergeladen haben, sehen Sie bitte dort nach. Tragen Sie die beiden Zahlen hier ein:

Bisher habe ich mein Smartphone durchschnittlich _____ Stunden und _____ Minuten pro Tag genutzt.

Dabei habe ich es am Tag durchschnittlich ______ Mal in die Hand genommen.

Nun denken Sie bitte einen Moment lang nach: Wo möchten Sie am Ende dieser Challenge stehen? Welche Nutzungshäufigkeit und -intensität wäre für Sie sinnvoll und im Rahmen?

Tragen Sie diese Zahlen bitte hier ein:

Ich werde mein Smartphone in Zukunft durchschnittlich _____ Stunden und _____ Minuten pro Tag nutzen.

Dabei werde ich es am Tag durchschnittlich ______ Mal in die Hand nehmen.

Auch wenn es am Ende nicht auf eine Minute mehr oder weniger ankommt: Seien Sie konkret und legen Sie sich auf eine Zahl fest. Nehmen Sie sich nicht zu viel vor – Ihre Nutzung von fünf Stunden täglich auf zehn Minuten zu reduzieren wäre eher unrealistisch. Aber seien Sie auch ambitioniert und nicht zu zaghaft. Wenn Sie beim besten Willen nicht wissen, was ein sinnvolles Ziel sein könnte, halbieren Sie Ihre aktuelle Nutzungsdauer und veranschlagen Sie ein Drittel der jetzigen Aktivierungen.

Checkliste:

- ☐ Aktuelle und geplante Nutzungszeiten und -häufigkeiten eingetragen
- ☐ Bei Freundinnen und Freunden, die angekündigt haben, die Challenge mitzumachen, nachgefragt, ob sie wirklich dabei sind

Tag 3 Datum: ____________

Gestern haben Sie sich ein Ziel gesetzt, um wie viel Sie die Zeit reduzieren möchten, die Sie täglich auf Ihr Smartphone starren. Die Frage, mit der wir uns heute beschäftigen: Was wollen Sie mit der gewonnenen Zeit anfangen?

In vielen Fällen kann es helfen, sich daran zu erinnern, welche Tätigkeiten Ihnen früher Freude bereitet haben. Womit Sie gern Zeit verbracht haben, worin Sie gut waren oder nach welchen Aktivitäten Sie sich besonders gut gefühlt haben. Es kann aber auch ein völlig neues Ziel sein – etwas, das Sie gern lernen wollen oder das Sie gern intensivieren würden.

Vervollständigen Sie als Übung diese Sätze:

- Ich fühle mich körperlich gut, wenn ich

  ____

  ____

- Ich wollte schon immer

  ____

  ____

- Als Kind habe ich es geliebt,

  ____

  ____

- Eine Sprache / ein Instrument / eine Fähigkeit, die ich gerne lernen würde, ist

  ___

  ___

- Ich wäre gern jemand, der

  ___

  ___

- Mir fehlt

  ___

  ___

Wenn der Platz nicht reicht, schreiben Sie auf einem separaten Zettel weiter. Es ist erst einmal gleichgültig, wie realistisch oder vage die notierten Dinge sind. Schach spielen oder mehr in der Natur sein, bergsteigen oder mehr mit alten Freunden telefonieren, ein Ehrenamt übernehmen oder öfter selber kochen – schreiben Sie alles auf, was Ihnen in den Sinn kommt. Schauen Sie sich anschließend die verschiedenen Dinge an, die Sie aufgeschrieben haben. Gibt es Verbindungen oder ein zugrunde liegendes Thema? Gehen viele Notizen in dieselbe Richtung? Oder sind es vielfältige Ideen und Wünsche? Nichts davon ist besser oder schlechter.

Nehmen Sie nun zwei dieser Ideen und formulieren Sie eine konkrete Tätigkeit daraus. Aus »Ich würde gern mehr Sport treiben« wird zum Beispiel »Ich gehe mindestens zweimal die Woche zum Joggen«. Aus »Ich möchte wieder mehr Zeit für mich haben« könnte »Ich meditiere jeden Morgen für mindestens fünf Minuten« werden. Aus dem Konjunktiv »Ich würde gern Fremdsprachen sprechen« wird ein Indikativ: »Ich lerne jeden Tag Französisch.« Auch die Häufigkeit festzulegen ist wichtig. »Mindestens« weist darauf hin, dass wir auch mehr tun können, als wir uns vorgenommen haben. Aber eben nicht weniger.

Tätigkeit A:

Ich ______________________________

____

____

____

____

Tätigkeit B:

Ich ______________________________

____

____

____

____

Checkliste:

☐ Ziele für die gewonnene Zeit gesammelt
☐ Konkrete Tätigkeiten formuliert

Gestern haben Sie zwei Tätigkeiten gewählt, denen Sie sich in Zukunft intensiver widmen wollen. Ich werde Sie ab jetzt nicht mehr daran erinnern, denn dazu sind die verschiedenen Tätigkeiten und Intervalle zu unterschiedlich. Meditieren kann man täglich, wandern ist eher was fürs Wochenende. Je nach Tätigkeit und Ihrem Tagesablauf kann es sinnvoll sein, etwas morgens einzuplanen oder nach der Arbeit. Tragen Sie sich also selbst in Ihrem Kalender ein – auf Papier oder digital –, welche Tätigkeit Sie sich wie oft und für wann vorgenommen haben.

Um Sie möglichst oft an Ihre neuen Ziele zu erinnern, nutzen wir Ihr Smartphone, genauer gesagt dessen Sperrbildschirm und Bildschirmhintergrund. Der Sperrbildschirm ist das, was Sie sehen, wenn Sie das Gerät zur Hand nehmen, bevor Sie beispielsweise Ihre PIN eingeben. Falls Sie keinerlei Sperre bei Ihrem Smartphone aktiviert haben – per PIN, Fingerabdruck oder Gesichtserkennung –, holen Sie das bitte unbedingt nach. Es dient ausnahmsweise nicht dazu, Ihre Smartphone-Nutzung zu reduzieren, sondern schützt Ihre Daten, falls Sie Ihr Telefon einmal verlieren.

Suchen Sie sich nun für die beiden Tätigkeiten, die Sie gestern festgelegt haben, ein passendes Foto, idealerweise im Hochformat. Wenn Sie früher gern Tennis gespielt haben und wieder damit anfangen wollen, kann das ein Foto eines Schlägers sein. Oder ein Foto vom Eiffelturm, wenn Sie sich für Französisch entschieden haben. Vielleicht wollen Sie mehr Zeit mit Gärtnern verbringen? Dann wählen Sie ein Foto eines inspirierenden Gartens.

Eines dieser beiden Fotos speichern Sie als Sperrbildschirm und eines als Hintergrundbild Ihres Smartphones. Beides sollte in den Einstellungen möglich sein (bei iOS unter »Hintergrundbild«, bei Android unter »Hintergründe« oder »Personalisieren« – notfalls bitte mit Angabe ihres Smartphone-Modells googeln).

Die Fotos müssen nicht ästhetisch perfekt sein, und Sie können Sie im Lauf der Challenge auch ersetzen – zum Beispiel, wenn Sie auf einer der Fahrradtouren, die Sie sich vorgenommen hatten, ein besonders tolles Bild gemacht haben. Oder wenn Ihr erstes selbst gebackenes Brot richtig gut gelungen ist. Wichtig ist, dass Sie jedes Mal, wenn Sie Ihr Smartphone in die Hand nehmen, an Ihre neuen Vorsätze erinnert werden.

Checkliste:

☐ Kalendereinträge / Erinnerungen für Tätigkeit A und B erstellt

☐ Foto für Sperrbildschirm gemacht und eingebaut

☐ Foto für Hintergrund gemacht und eingebaut

Vielleicht hat sich Ihre Smartphone-Nutzung in den ersten Tagen der Challenge schon ein wenig reduziert – einfach, weil Sie selbst ein wenig mehr darauf achten. Oder weil Ihr neuer Sperrbildschirm Sie an Ihre Ziele erinnert. Allerdings stehen die großen Umbrüche jetzt erst an. Doch es gibt eine ganze Reihe von Tricks, die Ihnen den Verzicht leichter machen können.

Sie erinnern sich: Jede Gewohnheit braucht einen Auslöser. Manche Auslöser, die uns zum Handy greifen lassen, können wir nicht eliminieren. Wunderbar abschalten können wir jedoch die Benachrichtigungen. Also jene kleinen Meldungen, mit denen alle möglichen Apps auf sich aufmerksam machen.

Stellen Sie heute deshalb alle Benachrichtigungen auf Ihrem Smartphone ab. Die entsprechende Option finden Sie unter Einstellungen (bei iOS dann »Mitteilungen« wählen, bei Android »Anwendungen« oder »Apps«). Das kann ein bisschen dauern, denn leider müssen Sie in beiden Fällen jeder App einzeln die Benachrichtigung entziehen, Sie anzupingen.

Die einzigen Apps, bei denen Sie die Benachrichtigungen aktiviert lassen können, sind die Telefon-App, Ihr Kalender, Messenger-Dienste wie WhatsApp oder Signal sowie gegebenenfalls Ihre Banking-Apps (dort braucht man die Benachrichtigungen manchmal für die TAN). Wenn Sie eine Katastrophen-Warn-App wie NINA oder die Corona-Warn-App installiert haben, sollten diese auch weiterhin Benachrichtigungen schicken dürfen.

Vielleicht haben Sie den Apps auf Ihrem Smartphone schon lange verboten, Sie mit jedem Quatsch zu behelligen. Dann sind Sie jedoch die Ausnahme. Erschreckend viele Menschen haben an diesen Einstellungen noch nie etwas geändert und lassen sich von jeder installierten App behelligen. Achten Sie in Zukunft beim Installieren von Apps außerdem darauf, jeder, die nach der Erlaubnis fragt, Ihnen Mitteilungen schicken zu dürfen, mit einem kategorischen Nein zu antworten.

Die letzte Aktion für heute: Laden Sie sich einen Passwortmanager herunter, falls Sie noch keinen haben. LastPass, Dashlane oder 1Password haben mehrfach gute Testergebnisse erhalten. Apple-Nutzer können auch mit der bereits ins Betriebssystem eingebauten Schlüsselbundverwaltung arbeiten. Wofür Sie den Passwortmanager benötigen? Das erfahren Sie morgen.

Checkliste:

☐ Benachrichtigungen deaktiviert

☐ Passwortmanager heruntergeladen

Tag 6 Datum: __________

Heute wird aufgeräumt! Sie löschen alle überflüssigen Apps auf Ihrem Smartphone. Damit wird auch das Rätsel gelüftet, warum Sie sich gestern einen Passwortmanager heruntergeladen haben. Denn wenn Sie nach dem Löschen einer App merken sollten, dass Sie diese doch dringend benötigen, ist es überhaupt kein Problem, sie wieder zu installieren – nur ist dann in vielen Fällen ein Passwort nötig. Und um diese verschiedenen Passwörter zu sichern, ist ein Passwortmanager die beste Lösung. (Nein, mit dem Passwort »1234« für alle Anwendungen ist es nicht getan.)

Zurück zu den Apps: Ich weiß, diese zu löschen fällt schwer. Es kostet Überwindung. Aber es muss sein. Schauen wir uns die wenigen Apps an, die bleiben dürfen: Digitale Werkzeuge wie Kartennavigation, Kamera, Kalender, Adressbuch, Messenger-Dienste (in denen Sie sich direkt mit anderen Menschen schreiben, also SMS, WhatsApp und so weiter) müssen nicht gelöscht werden.

Optional sind: Banking, Fitness-Apps, Hörbuch- und Musik-Apps. Außerdem Apps, die Sie brauchen, um von A nach B zu kommen. Also vielleicht die App ihres ÖPNV-Anbieters, eine Taxi- sowie eine Car- oder Fahrrad-Sharing-App. Falls Sie Ihren Heizungsthermostat per App steuern, können Sie das natürlich auch weiterhin tun. Von diesen Apps geht in der Regel kein Sog oder Suchtpotenzial aus. Wir benutzen sie für ihren jeweiligen Zweck und schließen sie wieder.

E-Mails sind eine schwierige Entscheidung: Ist es wirklich nötig, dass Sie diese auf dem Smartphone empfangen?

Oder genügt es, wenn Sie an Ihrem Computer darauf zugreifen? Wenn Sie sich gar nicht trennen können, verschieben Sie die App zumindest auf die zweite Seite Ihres Smartphone-Homescreens und verstecken sie dort in einem Ordner, damit Sie das Logo nicht dauernd sehen.

Direkt in den virtuellen Müll wandern hingegen bitte alle sozialen Netzwerke, Shopping-Apps, Nachrichtenseiten, Spiele und sonstige Zeitfresser. Augen zu und weg damit! Apps, von denen Sie gar nicht mehr genau wissen, wozu sie gut sind? Weg damit! Apps, die Sie heruntergeladen haben, nur weil Sie dachten, sie seien gerade angesagt und wichtig? Weg damit!

Ich weiß, manche von uns müssen aus beruflichen Gründen auf Social Media zugreifen. Über den Browser können Sie das auch nach wie vor tun. Aber löschen Sie trotzdem die App, denn die ist es in der Regel, die dazu führt, dass wir viel mehr Zeit in den sozialen Netzwerken verbringen, als wir eigentlich wollen und beruflich müssen.

Und wie schon erwähnt: Gelöschte Apps sind nicht für immer verschwunden, sondern können im Notfall mit einem Klick wieder installiert werden. Sie funktionieren dann wieder genauso gut wie vorher. Also keine Angst – und jetzt: Weg damit!

Checkliste:

☐ Alle Apps gelöscht, die keine Werkzeuge sind
☐ Grenzwertige Kandidaten in einen Ordner verbannt

Glückwunsch, die erste Woche ist bereits fast geschafft! Falls Sie es nicht ohnehin schon getan haben, ist heute der Tag, an dem Sie Ihr Smartphone aus dem Schlafzimmer verbannen. Wenn Sie es bisher an Ihrem Nachttisch geladen haben, suchen Sie einen anderen Platz, an dem es in Zukunft »wohnen« soll. Die Zeiten, in denen Sie abends vor dem Einschlafen und morgens als Erstes darauf geschaut haben, sind nun vorbei. Idealerweise befindet sich das neue Zuhause Ihres Telefons im Flur, wo Sie sich selten aufhalten. Entfernen Sie alle Ladekabel aus dem Schlafzimmer, und gewöhnen Sie sich an, Ihr Smartphone nur noch an seinem neuen Zuhause aufzuladen.

Das Ende der ersten Woche ist auch der Zeitpunkt für die erste große Herausforderung: Wenn Sie die Challenge wie vorgeschlagen an einem Montag begonnen haben, ist heute Sonntag. Unternehmen Sie einen ausgedehnten Spaziergang und lassen Sie dabei – Schock! – Ihr Smartphone zu Hause. Wie lange Sie dabei unterwegs sein wollen, entscheiden Sie selbst. Eine Stunde sollte es aber mindestens sein.

Überlegen Sie sich vorher, wo Sie hingehen wollen. Es ist egal, ob es eine Ecke ist, die Sie schon kennen, oder ob Sie eine neue Gegend erkunden. Falls Sie sich nicht auskennen und Angst haben, sich zu verlaufen, nehmen Sie einen guten alten Stadtplan mit oder drucken Sie sich den entsprechenden Ausschnitt von Google Maps aus. Oder wählen Sie die todesmutige Variante – und fragen Sie einfach andere nach dem Weg.

Achten Sie bei Ihrem Spaziergang auf Ihre Umgebung, auch wenn Sie glauben, die Wege schon genau zu kennen. Was hören Sie, was sehen Sie? Wie riecht es?

Nehmen Sie dieses Buch mit und machen Sie sich Notizen:

____

____

____

____

Bevor Sie nach Hause zurückkehren, horchen Sie einmal in sich hinein. Wie fühlt es sich an, ohne Smartphone unterwegs zu sein? Stressig? Oder auch ein wenig befreiend? Haben Sie permanent daran gedacht? Oder es zwischendurch auch einmal vergessen? Schreiben Sie es hier auf:

____

____

____

____

Checkliste:

☐ Smartphone aus dem Schlafzimmer verbannt

☐ Langen Spaziergang ohne Smartphone unternommen

Fazit Woche 1

Sie haben in dieser Woche ein paar wichtige Grundsteine gelegt. Seien Sie stolz auf sich! Sie haben Ihr Smartphone von einem Großteil der Apps befreit, die sich darauf befanden, und haben es aus dem Schlafzimmer verbannt. Sie haben herausgefunden, was Ihnen wichtiger ist, als durch endlose Social-Media-Feeds zu scrollen, und wofür Sie Ihre Zeit lieber verwenden wollen als für manipulative Apps.

Trotzdem ist der Drang, zum Smartphone zu greifen, sicherlich nicht verschwunden. Erinnern Sie sich an die letzten Tage, und versuchen Sie, diese Momente zu analysieren.

In welchen Situationen greifen Sie bevorzugt zum Smartphone?

Wie fühlen Sie sich in diesen Momenten?

Gibt es wiederkehrende Situationen oder Gefühle, die Sie auf bestimmte Apps zugreifen lassen?

Wie fühlen Sie sich in solchen Fällen danach, wenn Sie Ihr Smartphone wieder einstecken?

Welche besonderen Augenblicke haben Sie diese Woche ohne Ihr Smartphone erlebt (sei es auf dem Spaziergang oder bei den beiden Alternativtätigkeiten, die Sie sich ausgesucht haben)?

Woche 2

Tag 8 Datum: ____________

Zu Beginn der ersten Woche haben Sie sich zwei Aktivitäten ausgesucht, auf die Sie regelmäßig mehr Zeit verwenden wollen. Ich hoffe, Sie kommen damit gut voran und haben viel Freude mit Ihren neuen Fähigkeiten oder Angewohnheiten.

Heute wollen wir zusätzlich noch etwas anderes ausprobieren: das Spaßglas.

- Suchen Sie sich ein großes Behältnis, es muss nicht zwingend aus Glas sein.
- Schneiden Sie ein Blatt Papier in 10 bis 20 kleine Zettel.
- Schreiben Sie Aktivitäten auf die Zettel, die Ihnen Spaß machen, für die Ihnen aber oft die Zeit oder die Energie fehlt. Wählen Sie Aktivitäten aus, die derzeit machbar sind, und seien Sie dabei konkret: Statt »ins Museum gehen«, schreiben Sie bitte auf, in welches. Der Zoo, ein aktueller Kinofilm, der Sie interessiert, oder ein besonders gutes Eiscafé kann genauso gut notiert werden wie eine Ausstellung oder eine Probestunde Yoga. Wenn Ihnen die Einfälle ausgehen und sie gern etwas mit Freunden, Ihrem Partner oder der Familie unternehmen möchten, fragen Sie diese nach Vorschlägen.
- Falten Sie die beschrifteten Zettel zusammen und legen Sie sie in das Spaßglas. Einmal gut durchmischen, zur Belohnung gleich den ersten Zettel ziehen und heute noch umsetzen. Falls es ausgerechnet der Kinofilm ist,

der erst in ein paar Tagen anläuft, dürfen Sie den Zettel natürlich zurücklegen und einen anderen ziehen.

Die zweite Aufgabe für heute lautet: Schreiben Sie die Namen von drei Freundinnen oder Freunden auf, die Sie schon lange nicht mehr getroffen haben – und verabreden Sie sich!

Alte Freunde wiedertreffen:

#1: ____________________ Termin: ____________

#2: ____________________ Termin: ____________

#3: ____________________ Termin: ____________

Treffen Sie eine dieser Personen möglichst noch in dieser Woche. Falls niemand Zeit hat, fragen Sie so lange weiter, bis Sie jemanden gefunden haben. Die anderen können Sie für die nächsten beiden Wochen einplanen. Sie können per SMS- oder Messenger-Nachricht anfragen, aber wenn Sie die Zeit haben, rufen Sie ruhig bei den Personen an. Die Chancen auf eine Zusage sind höher, und es ist unkomplizierter, den Termin und Ort zu besprechen, als zehnmal hin und her zu schreiben.

Checkliste:

☐ Spaßglas mit Zetteln befüllt
☐ Ersten Zettel gezogen
☐ Freunde oder Freundinnen angefragt und Termine für ein Wiedersehen vereinbart

Vielleicht haben Sie letzte Woche Ihre E-Mail-App vom Smartphone gelöscht. Selbst wenn Sie daran festgehalten haben, sollte durch das Deaktivieren der Benachrichtigungen zumindest der quengelnde rote Kreis verschwunden sein, der Ihnen anzeigte, wie viele ungelesene Mails in Ihrem Postfach warteten. Vermissen Sie den Kreis und den damit verbundenen Stress und das schlechte Gewissen? Vermutlich nicht.

Natürlich sind E-Mails und Kurznachrichten etwas Praktisches. Deshalb schreiben wir alle auch tagtäglich so viele: schnell, kurz, nebenbei. Wie lange ist es hingegen her, dass Sie einen richtigen Brief verfasst haben, altmodisch auf einem Blatt Papier – oder sogar mehrere? Nicht hektisch auf dem Weg von A nach B ins Telefon getippt, sondern mit Muße an einem Tisch sitzend?

Nehmen Sie sich heute eine Stunde Zeit und stellen Sie sich eine Tasse Tee bereit, ein Glas Wein oder was auch immer Ihnen passend erscheint. Dann schreiben Sie einen Brief an jemanden aus Ihrer Vergangenheit, in dem Sie sich bedanken. Das kann eine Lehrerin oder ein Lehrer sein, die oder der Sie wahrgenommen oder gefördert hat. Jemand aus Ihrer Verwandtschaft, der Ihnen als Kind geholfen hat, eine schwierige Situation oder Phase zu überstehen. Oder einfach eine gute Freundin aus Jugendzeiten, von der Sie etwas gelernt und die Sie aus den Augen verloren haben.

Schreiben Sie, was Ihnen die jeweilige Person bedeutet und warum sie damals wichtig für Sie und Ihre weitere

Entwicklung war. Was Sie von ihr gelernt haben und ob Sie das Gelernte vielleicht sogar selbst weitergeben konnten. Erzählen Sie von Ihrem Leben seitdem und heute – was Sie tun, worüber Sie sich freuen und was Sie aktuell beschäftigt. Fragen Sie, wie es der betreffenden Person geht und wie ihr Leben heute aussieht.

Letzte Woche haben Sie das Schlafzimmer zur Smartphone-freien Zone erklärt. Haben Sie schon eine Veränderung in Bezug auf Ihren Schlaf festgestellt? Schlafen Sie besser, länger, tiefer? Überlegen Sie, welche Bereiche in Ihrem Zuhause sich noch eignen könnten, um zur Smartphone-freien Zone zu werden. Der Esstisch ist ein guter Ansatzpunkt. In vielen Haushalten ist die Anzahl an Mahlzeiten pro Woche, die alle zusammen einnehmen, ohnehin niedrig. Zu unterschiedlich sind oft die Lebensrhythmen, die Arbeitszeiten, zu zahlreich die diversen Termine und Verpflichtungen. Wenn dann noch alle während des Essens auf ihre Geräte schauen, geht ein essenzielles Ritual und eine wertvolle Gelegenheit zum Austausch verloren.

Checkliste:

- ☐ Brief an eine wichtige Person aus der Vergangenheit geschrieben
- ☐ Weitere Smartphone-freie Zone(n) etabliert

Die Geräusche (oder das Vibrieren), mit denen das Smartphone nach Aufmerksamkeit heischt, sollte weniger geworden sein, seit Sie die Benachrichtigungen ausgeschaltet haben. Fast genauso wichtig wie die Töne sind jedoch die fröhlich bunten Farben auf dem Bildschirm.

»Farbe ist kein Signal zum Erkennen von Objekten, sie ist eigentlich etwas viel Grundlegenderes: Sie signalisiert uns, was wahrscheinlich wichtig ist«, so Bevil Conway, in einem Interview mit der New York Times.[37] Conway forscht am amerikanischen National Eye Institute zum Thema Farbe und Emotionen. »Wenn Ihre Augen starke Farben und Kontraste sehen, dann erregt das permanent Ihre Aufmerksamkeit. Ihr Aufmerksamkeitssystem ist ständig in Bewegung: ›Schau, schau, schau, hierher!‹«

Um Ihr Smartphone von einem knallbunten Spielautomaten in ein schwarz-weißes, aber nützliches Werkzeug zu verwandeln, gehen Sie wie folgt vor:

- iOS: Einstellungen > Bedienungshilfen > Anzeige & Textgröße > Farbfilter > Graustufen
- Android: Bei neueren Versionen unter dem Punkt »Digital Wellbeing«. Bei älteren ist es komplizierter. Wählen Sie Einstellungen und tippen Sie sieben Mal (!) auf die sogenannte Build-Nummer. Es sollte eine Meldung folgen, dass Sie den Entwicklermodus freigeschaltet haben. In der Option Entwickler-Einstellungen, die Sie nun sehen, können Sie dann unter Hardwarebeschleunigtes Rendering > Farbraum simulieren > Graustufen zu einer Schwarz-Weiß-Ansicht umschalten.

Auch hier stellt sich die Frage, warum diese Option bei beiden Betriebssystemen so tief in den Menüs versteckt ist. Für Apple-Nutzer gibt es immerhin die Möglichkeit, sich das Hin- und Herschalten zwischen Schwarz-Weiß- und Farbmodus einfacher zu gestalten. Falls Sie also für bestimmte Dinge doch den Farbmodus brauchen, können Sie es unter Einstellungen > Bedienungshilfen > Kurzbefehl > Farbfilter so einstellen, dass ab sofort ein dreifaches Klicken auf die Seitentaste die Farbdarstellung entweder ein- oder ausschaltet.

Im Schwarz-Weiß-Modus wird Ihnen Ihr Telefon erst einmal fad und langweilig vorkommen. Aber genau das ist der Sinn der Sache. Wenn Sie etwas in Ihren Kalender eintragen wollen, werden Sie nun nicht mehr von vielen anderen bunten App-Symbolen abgelenkt und in Versuchung geführt, eine kleine Runde bei Instagram, Zalando oder Ihrem Lieblingsspiel zu drehen. Kleiner Trick, große Wirkung.

Checkliste:

☐ Smartphone auf Schwarz-Weiß umgestellt

David Hockney, der einflussreiche britische Künstler, malt seit 2009 auch auf seinem Smartphone. Der österreichische Chart-Rapper Young Hurn tippt seine Texte in die Notiz-App seines Telefons. Auch für ambitionierte Freizeitkünstlerinnen und -künstler bietet das Smartphone etliche Möglichkeiten, sich kreativ auszutoben: Man kann heutzutage Musikstücke auf seinem Telefon komponieren und ganze Filme damit drehen. Doch wenn wir ehrlich sind: Wie viele dieser Möglichkeiten nutzen wir im Alltag tatsächlich? Wie oft nutzen wir das Smartphone eher zur Berieselung, zum Abschalten, zum Konsumieren?

Als Kinder haben wir fast alle gebastelt, gewerkelt, Dinge gebaut und kleine Kunstwerke erstellt. Irgendwann kam dann der Punkt, an dem wir fanden, wir wären zu alt dafür. Warum eigentlich? Wäre es nicht schön, mal wieder haptisch und dreidimensional kreativ zu sein?

Sammeln Sie heute auf dem Weg von der Arbeit nach Hause (oder in der Mittagspause oder wann auch immer es gut passt) mindestens zwölf originelle, besonders schöne (oder besonders hässliche) Gegenstände ein – eine Vogelfeder, eine abgestempelte Fahrkarte, einen schimmernden Stein. Vielleicht müssen Sie die Augen etwas weiter öffnen als sonst und den inneren Pendler-Autopiloten ausschalten. Vielleicht müssen Sie einen kleinen Umweg machen, um wirklich genug Material zusammenzubekommen. Vielleicht müssen Sie auf einen Baum klettern oder unter einer Absperrung durchkriechen, um an etwas heranzukommen, das vielversprechend aussieht. Wenn Sie wollen, können Sie sich ein Oberthema ausdenken und zum Beispiel nur Gegenstände einer bestimmten Farbe mitnehmen, nur runde Objekte, nur welche aus Plastik …

Zu Hause bauen Sie dann aus den Fundstücken eine kleine Skulptur. Sekundenkleber, Tesafilm oder Schnüre sollten dafür genügen, aber wenn Ihnen noch etwas anderes einfällt, benutzen Sie gern auch das. Es geht nicht darum, mit Ihrem Werk die Kunstwelt zu revolutionieren. Nehmen Sie die ganze Übung also nicht zu ernst. Aber geben Sie sich trotzdem ein bisschen Mühe. Selbst wenn die Galerien hinterher nicht Schlange stehen: Sie haben dem Alltag ein Schnippchen geschlagen – und ganz nebenbei Ihre Stadt von ein wenig Müll befreit.

Checkliste:

- ☐ Mini-Skulptur aus gefundenen Gegenständen angefertigt
- ☐ Das Werk fotografiert (ja, ruhig mit dem Smartphone. Wir müssen es schließlich nicht übertreiben.)

Ich weiß nicht, in welchen Momenten Sie am stärksten in Versuchung sind, Ihr Smartphone aus der Tasche zu ziehen. Bei mir sind es kleine Wartezeiten. Von denen gibt es im Lauf des Tages ja etliche. Beim Zahnarztbesuch oder auf dem Amt ahnt man vorher wenigstens, dass es dauern könnte, und man kann ein Buch mitnehmen. Schwieriger sind die kürzeren Wartezeiten: rote Ampeln; eine Warteschlange im Supermarkt oder Café; Aufzugfahrten; die Minute, die es dauert, bis das Wasser im Wasserkocher heiß ist. Letztlich nur minimale Unterbrechungen, aber in meinem Kopf waren sie trotzdem lange Zeit die schlimmste aller Sünden: Zeitverschwendung.

Ich dachte, es sei quasi meine Pflicht, diese »leeren« Minuten mit irgendetwas zu füllen. Also warum nicht schnell einen Artikel auf Spiegel Online lesen oder zumindest überfliegen. Oder eine Mail beantworten – und dabei vor lauter Eile drei Tippfehler machen. Ich fühlte mich dadurch effizient und schlau. Untätigkeit? Langeweile? Nicht mit mir!

Inzwischen weiß ich, dass diese Gier nach Effizienz, nach dem Ausnutzen auch nur der letzten ungenutzten Zeiträume, vor allem für eines sorgt: für Stress. Ich fühle mich gehetzt, weil ich mit der Mail doch noch nicht fertig geworden bin, wenn die Ampel auf Grün schaltet. Oder ich bin so in die Mail vertieft, dass ich es verpasse und erst hochschaue, als die Ampel gerade wieder auf Rot springt. Als Fußgänger ärgert man sich in solchen Momenten, als Autofahrer wird man schon vorher per Hupkonzert gerüffelt.

Lassen Sie ab heute in solchen kleinen Momenten, in denen Sie gezwungen sind zu warten, das Handy in der Tasche. Atmen Sie stattdessen ruhig ein und aus, konzentrieren Sie sich darauf, und versuchen Sie an nichts anderes zu denken. Falls Sie schon immer mal meditieren wollten, aber nicht wussten, wie es geht: Glückwunsch, Sie haben es soeben gelernt! (Wenn Sie schon regelmäßig meditieren, nutzen Sie die kleinen Zwangspausen im Lauf des Tages trotzdem, um kurz zur Ruhe zu kommen und sich innerlich zu zentrieren.)

Zu Hause können Sie dabei auch die Augen schließen. Falls Ruhe nicht Ihr Ding ist, machen Sie gern etwas ganz anderes. Zehn Kniebeugen zum Beispiel oder eine Seite in einem Buch lesen, dass Sie sich extra für diesen Zweck rausgelegt haben. Eine Dehnübung, falls Ihr Rücken häufig verspannt ist, oder einfach ein Blick aus dem Fenster und ein paar Gedanken zu der Frage: »Wofür bin ich heute dankbar?«

Checkliste:

☐ Mini-Meditation (oder andere Tätigkeit) für kleine Wartepausen im Tagesverlauf etabliert

Tag 13 Datum: ____________

Heute ist es mal wieder Zeit, einen Zettel aus dem Spaßglas zu ziehen. Falls Ihnen inzwischen noch neue Dinge eingefallen sind, die Sie gern tun möchten und die einen Zettel verdient hätten, schmeißen Sie einfach noch welche dazu. Wie viele andere Dinge aus dieser Challenge soll auch das Spaßglas über die dreißig Tage hinaus zu einem dauerhaften Begleiter werden. Je mehr Zettel sich also darin befinden, desto besser. Wenn Ihnen eine der Aktivitäten besonders gut gefallen hat, werfen Sie den Zettel einfach zusammengefaltet wieder ins Glas. Dann kommt der Besuch in der Kletterhalle (oder auf dem Paintball-Platz, wenn das eher Ihr Ding sein sollte) irgendwann wieder an die Reihe.

Zu Hause haben Sie das Smartphone inzwischen aus einigen Bereichen verbannt, zum Beispiel aus dem Schlafzimmer, vielleicht auch vom Esstisch oder aus dem Wohnzimmer. Im Idealfall hat es einen festen Platz, wo Sie es ablegen, wenn Sie nach Hause kommen. Dort wird es geladen und ist die meiste Zeit außer Sicht- und Reichweite. Ich habe von einer Familie gehört, die ihre Smartphones ganz oben auf einem Schrank im Flur lagert. Dort hat jeder sein eigenes Ladekabel, aber die Telefone sind außer Sichtweite und nur mit Mühe zu erreichen.

Physische Nähe kann ein entscheidender Faktor sein, wenn wir vermeiden wollen, gedankenlos zum Telefon zu greifen. Versuchen Sie also ab heute, Ihr Telefon nicht immer unmittelbar bei sich zu tragen. Wenn Sie einen Freund oder eine Freundin besuchen, stecken Sie es in die Jackentasche und hängen die Jacke an die Garderobe. Oder lassen Sie es gleich im Auto – vielleicht nicht unbedingt gut sichtbar auf dem Fahrersitz, sondern eher im Handschuhfach.

Wenn Sie Sport treiben, bleibt es in der Umkleidekabine im Spind – oder gleich zu Hause. Sie hören beim Sport aber gern Musik oder Hörbücher? Ebenso wie sich die Anschaffung eines Weckers gelohnt hat, um das Smartphone aus dem Schlafzimmer zu verbannen, kann es sinnvoll sein, sich einen kleinen MP3-Player zu besorgen, auf den Sie Ihre Musik oder Ihre Hörbücher laden. Dann haben Sie diese beim Sport dabei, kommen aber nicht in die Versuchung, während des Work-outs oder an jeder Ampel entlang Ihrer Joggingroute in Ihre Mails zu schauen.

Checkliste:

☐ Zettel aus dem Spaßglas gezogen

☐ Angefangen, das Smartphone nicht dauernd unmittelbar am Körper zu tragen

Tag 14 Datum: ____________

Heute unternehmen Sie wieder einen längeren Spaziergang ohne Smartphone. Falls Sie das letzte Mal unmittelbar vor Ihrer Haustür unterwegs waren, erkunden Sie heute mal eine völlig unvertraute Gegend. Sie müssen nicht zwingend länger unterwegs sein als vorige Woche. Aber wenn Sie das letzte Mal exakt nach der verabredeten Minimum-Stunde nach Hause gegangen sind, versuchen Sie dieses Mal, ein wenig länger durchzuhalten.

Fragen Sie sich dabei Folgendes: Was ist so dringend, dass Sie das Gefühl haben, es könne nicht warten?

____

____

____

____

Was ist das Schlimmste, was passieren könnte, wenn Sie mal ein paar Stunden nicht erreichbar sind?

____

____

____

____

Wie wahrscheinlich ist es, dass dieses gerade durchgespielte allerschlimmste Superduper-Worst-Case-Szenario wirklich eintrifft?

Warum fühlen Sie sich so in der Pflicht? Macht Ihre Chefin Druck? Familienmitglieder? Oder sind Sie es selbst?

Falls der Druck von außen kommt: Wie könnten Sie im Gespräch klären, wann die Erwartung, Sie zu erreichen, sinnvoll und berechtigt ist und wann nicht?

Wenn diese gefühlte Verpflichtung, jederzeit ansprechbar sein zu müssen, aus Ihnen selbst kommt: Worin, glauben Sie, liegt dieses Gefühl begründet?

Checkliste:

- ☐ Ausgedehnten Spaziergang in fremder Umgebung unternommen und das Smartphone zu Hause gelassen

Fazit Woche 2

Herzlichen Glückwunsch, Sie haben eine weitere Woche der Challenge gemeistert! Sie haben Ihr Smartphone auf Schwarz-Weiß umgestellt und dafür Ihren Alltag durch das Spaßglas ein wenig bunter gemacht. Sie haben einen Brief an eine wichtige Person aus Ihrer Vergangenheit geschrieben und sich – vielleicht zum ersten Mal seit Ewigkeiten – künstlerisch betätigt.

Sind Ihre Mitstreiter vom Anfang noch dabei? Tauschen Sie sich regelmäßig aus? Wenn ja, welche übereinstimmenden Erfahrungen haben Sie bislang gemacht?

____

____

____

____

Wo gibt es Unterschiede?

____

____

____

____

Wie war das Treffen mit dem Freund oder der Freundin, die Sie getroffen haben?

Wenn Sie auf die bisherigen zwei Wochen des schrittweise reduzierten Smartphone-Konsums zurückblicken: Welche Veränderungen in Ihrer Stimmung oder Ihrem Energielevel bemerken Sie?

Welche App (oder Webseite) vermissen Sie am meisten?

Welche vermissen Sie deutlich weniger als vorher befürchtet?

Wenn Sie in den vergangen zwei Wochen schon mal rückfällig geworden sind – zum Beispiel, indem Sie eine gelöschte App wieder installiert haben: Was war der Auslöser? Welches Bedürfnis hofften Sie, stillen zu können? Und ist es Ihnen gelungen?

Woche 3

Tag 15 Datum: ____________

Zu Beginn der dritten Woche schreiben Sie bitte eine Todesanzeige. Keine Angst, nicht für einen Menschen, sondern für etwas Liebgewonnenes, das irgendwann dem Smartphone zum Opfer gefallen ist. Das kann der gute alte Walkman sein, der klackernde Diaprojektor, auf dem Urlaubsfotos präsentiert wurden, oder die Telefonzelle an der Ecke. Das Blinken von neuen Nachrichten auf dem Anrufbeantworter, wenn man nach Hause kam, die gedruckte Zeitung im Briefkasten oder das gelbe Telefonbuch mit seinen dünnen, knisternden Seiten. Wenn Sie Spaß daran finden, können Sie auch eine Grabrede verfassen oder mehrere Todesanzeigen für verschiedene solcher verloren gegangenen Dinge schreiben.

Eine Sache, die das Smartphone bei mir verdrängt hatte – zumindest eine ganze Zeit lang –, war das Lesen von Büchern. Ich habe mein Leben lang gern gelesen, und durch das Internet und das Smartphone erhöhte sich die Menge an Text, die ich jeden Tag verschlang, noch mal um ein Vielfaches. Doch Bücher waren keine mehr darunter. Stattdessen las ich Tweets und Statusmeldungen, Online-Artikel und per Push-Mitteilung verschickte Eilnachrichten. Zum Bücherlesen, eine der Beschäftigungen, die mich vorher so geprägt hatte, fand ich plötzlich »keine Zeit mehr«. Dabei bedeutet keine Zeit zu haben fast immer: sich keine mehr zu nehmen.

Wenn Sie in den letzten Jahren zwar die Zeit für Dutzende Serienstaffeln und eine vierstellige Anzahl von Instagram-Postings fanden, aber keine Zeit zu lesen: Ändern Sie das! Wählen Sie ein Buch aus, auf das Sie wirklich Lust haben. Keines, von dem Sie glauben, es lesen zu müssen, weil gerade alle darüber sprechen. Keines, das sinnvoll für Ihren Beruf ist. Keines, das nur deshalb auf Ihrem Nachttisch liegt, weil Sie es geschenkt bekommen haben. Sondern eines, das Sie wirklich interessiert und reizt. Nehmen Sie sich Zeit, fragen Sie im Freundeskreis nach Empfehlungen, oder stöbern Sie in einer Buchhandlung.

Widerstehen Sie der Versuchung, ein E-Book auf Ihr Smartphone oder Tablet herunterzuladen, weil es praktischer oder günstiger ist. Falls es unbedingt eins sein muss (zum Beispiel, weil Sie da die Schrift schön groß machen können und sich damit, so wie ich, noch eine Weile um die eigentlich fällige Lesebrille drücken wollen): Investieren Sie in einen reinen E-Book-Reader. Diese bieten keine Ablenkung durch Mails oder Social-Media-Apps und beeinflussen durch den weniger intensiv leuchtenden E-Ink-Bildschirm auch den Schlaf nicht so negativ wie Smartphones und Tablets.

Checkliste:

- ☐ Todesanzeige oder Trauerrede für Gegenstände geschrieben, die das Smartphone auf dem Gewissen hat (auch wenn es um manche nicht wirklich schade ist)
- ☐ Buch ausgewählt, das wirklich Interesse weckt

Vielleicht machen Sie es so wie ich und benutzen seit einigen Jahren Ihr Smartphone als Taschenrechner. Dass heute die zweite Hälfte der 30-Tage-Challenge beginnt, haben Sie aber womöglich auch im Kopf ausgerechnet.

Falls es gerade nicht so gut läuft und Sie das Gefühl haben, trotz aller gemeinsam vorgenommenen kleinen Hacks und großen Tricks immer noch zu viel aufs Smartphone zu starren: Heute und morgen gibt es ein paar Einkaufstipps für die Härtefalle.

Bei manchen Menschen sind es nicht nur die digitalen Inhalte, die sie immer wieder zum Smartphone greifen lassen. Sie haben sich einfach an die Haptik gewöhnt. Die meisten Geräte sind ja auch echte Handschmeichler, aus glattem Material und mit perfekt abgerundeten Ecken. Falls Ihnen dieses Gefühl in der Hand sehr fehlt, denken Sie über die Anschaffung eines NoPhones nach. Dabei handelt es sich um ein Surrogat aus Plastik. Es ist so groß wie ein gewöhnliches Smartphone, verfügt aber über exakt null Funktionen. Wer sich also danach sehnt, einfach etwas in der Hand zu haben, ist mit dem etwa 15 Euro teuren Stück Kunststoff bestens bedient. »Das NoPhone hat keine Garantie und ist nicht dafür gedacht, irgendeine Funktion zu erfüllen«, schreiben die Erfinder auf ihrer Webseite. Im Lieferumfang enthalten seien neben dem NoPhone »weniger Angstgefühle, besserer Augenkontakt, echte Freunde und zwischenmenschliche Verbindungen«[38]. Wer doch zumindest eine Funktion haben möchte, kann sich mit dem NoPhone Selfie für nur ein paar Euro mehr eine

Version kaufen, die zumindest über einen kleinen Spiegel verfügt.

Andere Produkte, die ebenfalls die vertraute Form des Smartphones nachbilden und als reine Handschmeichler fungieren, heißen Realism oder Substitute Phone. Letzteres ist um einiges teurer, dafür sind in den Plastikkorpus kleine Steinkugeln eingelassen, die das Wischen von links nach rechts oder von oben nach unten ermöglichen. Falls Sie handwerklich geschickt sind und ein neues Bastelprojekt suchen, können Sie sich natürlich auch ein Stück Holz in der passenden Größe zuschneiden, es anschließend glatt schleifen und ein wenig einölen, damit es gut in der Hand liegt. Und falls Sie weder Geld ausgeben wollen noch bastelbegabt sind, suchen Sie sich einfach an einem See- oder Flussufer einen glatten runden Stein.

Solche Placebos geben den Händen etwas zu tun, was bei Stress und Nervosität helfen kann. Sie haben aber auch noch weitere Vorteile – zum Beispiel verfügen sie auch über eine endlose Akkulaufzeit und sind erstaunlich resistent gegen Stürze auf harten Steinfußboden. Sie können sie sogar weiterverwenden, nachdem sie ins Wasser gefallen sind. Von welchem echten Smartphone kann man das schon behaupten?

Checkliste:

- ☐ Smartphone-Nachbildung besorgt oder selbst gebaut (falls nötig)

Falls Sie nicht recht von Ihrem Smartphone lassen können, es aber nicht so sehr daran liegt, dass Ihnen ein physisches Objekt in Ihrer Hand fehlt, gibt es natürlich noch eine Reihe von anderen Tricks.

Ein harmloser besteht aus einem Haarband, einem etwas breiteren Gummiband oder einem dieser Motivationsarmbänder aus weicherem Plastik. Ziehen Sie dieses Band quer über ihr Smartphone und schieben es ungefähr bis zur Mitte. Jedes Mal, wenn Sie nun Ihr Smartphone herausholen, werden Sie so daran erinnert, dass Sie das eigentlich seltener tun wollen. Sie können auch eine kleine Nachricht an sich selbst auf das Band schreiben. »Wirklich?«, »Schon wieder?« oder »Muss das sein?« sind beispielsweise herrlich passiv-aggressive Hinweise. In den meisten Fällen werden Sie Ihr Telefon freiwillig wieder einstecken. Falls nicht, wird Sie das Gummiband hoffentlich bei der Benutzung stören, weil es einen Teil des Bildschirms blockiert. Da es in der Mitte des Bildschirms sitzt, können Sie aber Anrufe trotzdem problemlos annehmen.

Falls das Band nicht genügend Wirkung zeigt, können Sie es auch mit härteren Bandagen versuchen: Scham und Peinlichkeit. Zu diesem Zweck entfernen Sie Ihre Smartphone-Hülle, falls Sie eine verwenden. Stattdessen kaufen Sie sich eine, die Sie so hässlich finden, dass Sie unmöglich in der Öffentlichkeit damit gesehen werden wollen.

Was genau Ihnen die Schamesröte ins Gesicht treibt, wissen Sie selbst am besten. Als lebenslanger Fan der Borussia Dortmund ist es vielleicht eine FC-Bayern-Hülle, am besten mit dem Konterfei von Uli Hoeneß. Als bekennende Feministin könnte ein Playboy-Bunny, das neckisch von der Hülle zwinkert, den Zweck erfüllen. Wenn Sie ein richtig harter Typ sind, der den ganzen Tag ölverschmiert unterm PS-starken Sportwagen liegt, ist vielleicht eine Hülle mit Katzenohren aus Plüsch oder My-Little-Pony-Glitzerlook die richtige Wahl.

Und selbst wenn Sie ein extrem dickes Fell haben, dürfte eine fleischfarbene Smartphone-Hülle aus Latex, die aussieht wie ein menschliches Ohr in dreifacher Größe, dafür sorgen, dass Sie den Impuls »Ach, mal schauen, welchen Uralt-Witz Onkel Jürgen heute in der Familien-WhatsApp-Gruppe gepostet hat« geflissentlich unterdrücken.

Checkliste:

☐ Gummiband übers Telefon gezogen
☐ Hässliche Smartphone-Hülle gekauft (falls nötig)

Als Kind liebte ich die Geschichten, die von den Abenteuern des Odysseus erzählten. Nicht, dass ich die Odyssee jemals im Original gelesen hätte, aber es gab genügend kindgerechte Fassungen. In meinem liebsten Abenteuer begegnet Odysseus einem Zyklopen, den er und seine Mannschaft erst betrunken machen und dann mit einem glühenden Pfahl blenden. Als der Zyklop Odysseus vorher nach seinem Namen gefragt hatte, hatte dieser geantwortet: »Niemand.« So clever! Denn als der Zyklop später um Hilfe rief, verstanden seine Zyklopenkumpel nicht so recht, was er mit »Niemand hat mich geblendet« meinte. Das machte mir als Kind auch beim fünfzigsten Anhören der Hörspielschallplatte immer noch beste Laune.

Meine zweitliebste Geschichte war die von den Sirenen, deren Gesang griechische Seeleute verzauberte und ihre Schiffe blindlings auf tückische Felsen steuern ließ. Odysseus' Trick, um dem zu entgehen, bestand darin: Er befahl seiner Mannschaft, sich die Ohren mit Wachs zu verschließen, ihn aber an den Mast zu fesseln. So konnte er zwar den Sirenengesang hören, seine Mannschaft aber blieb davon unbeeindruckt – ebenso wie von seinen fehlgeleiteten Befehlen. Und die Reise konnte ohne Schiffbruch weitergehen.

Was können wir in Sachen Smartphone-Nutzung von Odysseus lernen? Wenn wir wissen, dass eine Ablenkung droht, ist es unter Umständen sinnvoll, sich schon vorher entsprechend zu wappnen. Wir haben das im Lauf der letzten

Wochen bereits durch einige Maßnahmen getan, zum Beispiel durch das Deaktivieren fast aller Benachrichtigungen. Ich möchte Sie aber noch auf ein paar andere hilfreiche Funktionen aufmerksam machen, mit denen Sie sich im übertragenen Sinne an den Mast binden, also vorab gegen die Sirenenrufe des Smartphones immunisieren können.

Den Flugmodus kennen Sie vom Reisen: Man aktiviert ihn im Flugzeug. Doch warum nur darauf beschränken? Sie können den Flugmodus zum Beispiel einschalten, wenn Sie Ihr Smartphone bei einem Spaziergang nur als Fotoapparat nutzen wollen. Er sorgt dann dafür, dass Sie trotzdem nicht gestört oder in Versuchung geführt werden, schnell zu googeln, was das für ein Vogel ist, der da im Baum sitzt. Schauen Sie sich diesen lieber genau an, und hören Sie zu, wie er singt.

Eine etwas abgespeckte Version ist der Nicht-stören-Modus. Ist er aktiviert, werden alle Benachrichtigungen stummgeschaltet (auch von Apps, die bislang noch benachrichtigen dürfen) sowie alle Anrufe abgewiesen. Keine Angst: Sie können vorher einen Kreis von Personen definieren, der sie trotzdem erreicht. Außerdem kommen Personen, die zweimal kurz hintereinander anrufen, ebenfalls durch. Im berühmten Notfall (über den so oft gesprochen wird und der so selten eintritt) sind Sie also trotz allem erreichbar. Ebenfalls hilfreich: Sie können den Nicht-stören-Modus auch so einstellen, dass er automatisch zum Beispiel von 20 Uhr abends bis 8 Uhr morgens aktiviert wird.

Checkliste:

- ☐ Flugmodus ausprobiert
- ☐ Nicht-stören-Modus dauerhaft für abendliche Ruhephase eingerichtet

Jeder nutzt sein Smartphone ein wenig anders. So unterschiedlich wir dies tun, so verschieden sind auch die Probleme, die jeweils daraus entstehen können. Und so verschieden sind deshalb auch die Tipps und Ratschläge, was wir dagegen unternehmen können. Schauen Sie selbst ganz in Ruhe, welche der verschiedenen Werkzeuge, die ich Ihnen im Lauf der 30-Tage-Challenge an die Hand gebe, für Sie am besten funktionieren. Nutzen Sie diese, und modifizieren Sie gegebenenfalls andere, sodass sie zu Ihren Lebensumständen passen. Und lassen Sie einfach weg, was Sie überhaupt nicht betrifft oder auf ein Problem ausgerichtet ist, das Sie nicht haben.

Immer wieder habe ich in den letzten Jahren die Klage gehört, dass Menschen die Zeit und alles um sich herum vergessen, wenn sie in ihr Smartphone abtauchen. Dass jemand vergisst, aus der S-Bahn auszusteigen und zwei Haltestellen zu weit fährt, ist dabei ein häufiges, wenn auch vergleichsweise harmloses Beispiel. Der Psychologe und Humanbiologe Marc Wittmann von der Universität Freiburg beschäftigt sich schon lange mit unserer Zeitwahrnehmung und wie Smartphones diese verändern. Das sogenannte episodische Gedächtnis spielt dabei eine entscheidende Rolle: »Es speichert, was ich in meinem Leben erlebe und was ich fühle«, erklärt Wittmann in einem Interview mit ZEIT Online. »Das ist wie ein innerer Film, der später präsent ist. Das habe ich aber beim Aufs-Smartphone-Schauen oder Am-Computer-Sein nicht, dadurch vergeht die Zeit ganz schnell.« Wie die Zeit verstreicht, so der Experte, nehmen wir vor allem dann wahr, wenn wir uns selbst körperlich wahrnehmen. »Wir haben ja kein Organ für die Zeit, so wie wir Augen für das Sehen oder Ohren für das Hören haben«, so Wittmann. »Wir haben auch keinen inneren Wecker, der in uns tickt, sodass wir Zeit messen könnten. Wir machen es über das Körpergefühl.«[39]

Wenn Sie also immer wieder die Zeit vergessen und, statt in ihrem Handykalender nur kurz den nächsten Termin nachzusehen, eine Viertelstunde durch eine Nachrichtenseite scrollen, dann sind Sie damit nicht allein. Sie müssen dies aber nicht widerstandlos akzeptieren. Der einfachste Weg, zumindest für zu Hause: Stellen Sie sich einen Küchenwecker! Angenommen, Sie wollen nachsehen, welche Filme gerade im Kino laufen. Wie Odysseus, der sich auf den Sirenengesang vorbereitete, ahnen Sie jedoch, dass Sie sich im Labyrinth aus Filmrezensionen und Trailern verlieren. Stellen Sie also den Wecker auf zehn Minuten. Das sollte reichen, um einen Film auszuwählen und die Tickets zu buchen. Falls Sie abschweifen, holt der Wecker Sie zurück.

Unterwegs ist ein altmodischer Küchenwecker natürlich unpraktisch – und vielleicht auch ein wenig peinlich. Dann stellen Sie einfach den eingebauten Timer Ihres Smartphones.

Checkliste:

- ☐ Gegen das Verzetteln Küchenwecker/Timer bei Erledigungen auf dem Smartphone gestellt
- ☐ Freunde gefragt, ob sie an Tag 21 mitkommen wollen (da steht wieder ein Ausflug auf dem Programm)

Im ersten Teil des Buches habe ich beschrieben, warum es nicht im Sinne der meisten App-Anbieter und ihrer Geschäftsmodelle ist, uns daran zu erinnern oder Gelegenheiten zu geben, innezuhalten und das Smartphone wieder wegzulegen. Wir sollen stattdessen möglichst lange im Zustand der Trance gehalten werden. Wir sollen die Zeit vergessen.

Immerhin haben die Entwickler der beiden großen Smartphone-Betriebssysteme iOS und Android inzwischen eine Möglichkeit eingebaut, den eigenen Konsum zu begrenzen. Bei Apple-Produkten heißt diese Funktion App-Limits und verbirgt sich hinter Einstellungen > Bildschirmzeit. Bei Googles Android-Betriebssystem befindet sich die Option einmal mehr bei den Einstellungen > Digital Wellbeing. In beiden Fällen können Sie tägliche Zeitlimits für bestimmte Apps oder bestimmte App-Gruppen festlegen.

Soziale Medien und Spiele haben Sie ja hoffentlich ohnehin schon von Ihrem Smartphone verbannt. Falls Sie aber zum Beispiel ein Café betreiben und jeden Tag die täglichen Specials auf Ihrer Facebook-Seite posten wollen, kann eine solche Begrenzung sinnvoll sein: Dann können Sie beispielsweise festlegen, dass Sie Facebook jeden Tag für zehn Minuten nutzen dürfen. Das sollte reichen, um das entsprechende Bild zu posten – wird aber endloses Scrollen verhindern. Auch die Benutzung Ihres Browsers können Sie auf diesem Weg limitieren. Und falls Sie auf Ihrem Tablet abends im Bett Netflix-Serien schauen, können Sie mit einem Limit verhindern, dass Sie sich selbst um den Schlaf bingewatchen.

Auch hier müssen Sie keine Angst vor dem Notfall haben: Nehmen wir an, Sie haben Ihr Zeitlimit für den Browser erreicht, müssen aber unbedingt eine Adresse nachsehen, um einen Termin wahrnehmen zu können. Natürlich können Sie die Beschränkung in den Einstellungen auch wieder aufheben. Wenn Sie sich das Aufheben etwas schwerer machen wollen (oder das Limit als Kindersicherung verwenden), können Sie auch einen PIN-Code festlegen, der eingegeben werden muss, um das Limit für einen Tag zu deaktivieren.

Eine andere Methode, mit der Sie sich von unnötiger Rumdaddelei abhalten: Laden Sie das Smartphone nie voll auf, sondern gehen Sie – je nach Nervenstärke – mit fünf, zehn oder maximal zwanzig Prozent Akkuleistung aus dem Haus. Wenn Sie einen komplett leeren Akku vermeiden wollen, müssen Sie sich also gut überlegen, wofür Sie Ihr Smartphone benutzen wollen und wofür nicht.

Checkliste:

☐ App-Limits festgelegt für Apps, die auf dem Smartphone verbleiben mussten, aber trotzdem oft zu Ablenkung und Zeitverschwendung führen

☐ Die radikale Fünf-Prozent-Akku-Methode zumindest einmal in Erwägung gezogen

Juhu, heute ist es mal wieder an der Zeit für einen längeren Ausflug ohne Smartphone! Haben Sie daran gedacht, ein paar Freundinnen oder Freunde einzuladen? Falls niemand Zeit hat, ist es auch kein Drama. Dann ziehen Sie einfach allein los. Vielleicht absolvieren Sie die gesamte Challenge ja aber auch ohnehin mit Freunden oder Ihrer Familie, dann steht die Begleitung sowieso fest. Andere Freunde sind natürlich trotzdem willkommen!

Das Motto des heutigen Ausflugs: Endstation Sehnsucht. Von den Endhaltestellen der Bus- und Bahnlinien unserer Stadt kennen wir meistens nur eines: die Namen. Diese stehen schließlich an den Zuganzeigern oder auf den Busfronten. Aber meist nehmen wir sie nur als Richtungsangabe wahr, nicht als reale Orte. Doch wie ist es denn an der Krummen Lanke (Berlin), in Großhansdorf (Hamburg) oder in Moosach (München)? Wie sieht es dort aus, was passiert dort? Machen Sie sich auf den Weg zu einer dieser Endhaltestellen. Wenn Sie eine solche direkt vor der Haustür haben, fahren Sie natürlich zu einer, die Sie noch nicht kennen. Machen Sie sich gemeinsam auf den Weg, oder verabreden Sie sich mit ihren Freunden dort, wenn das einfacher ist. Gemeinsam erkunden Sie nun das Viertel, das zu Ihrer Stadt gehört, in dem aber mit hoher Wahrscheinlichkeit noch niemand von Ihnen war. (Wenn Sie auf dem Land wohnen und es keine U-Bahn oder Tram gibt, fahren Sie mit dem Rad oder dem Auto in den Ort in der Umgebung, den Sie am wenigsten kennen.)

Lassen Sie sich treiben, fühlen Sie sich ruhig ein wenig verloren. Auch wenn Ihre Begleitung die 30-Tage-Challenge nicht absolviert, bitten Sie sie trotzdem, für diesen Ausflug ihr Smartphone auszuschalten oder gar nicht erst mitzunehmen. Es geht darum, sich nicht von Google Maps leiten zu lassen und nicht nachzusehen, wo sich in dieser Ecke die beste Pizzeria verbirgt. Vielleicht stoßen Sie, wenn Sie ziellos durch die Straßen schlendern, nur auf die dritt- oder viertbeste. Vielleicht sogar auf eine richtig schlechte. Aber das ist egal. Denn dafür haben Sie sie selbst entdeckt. Und vielleicht ist ja die Panacotta eine echte Sensation?

Auch bei dem heutigen Ausflug sind Sie mit offenen Augen und wachen Sinnen durch die Welt gegangen. Was haben Sie gesehen, gehört, gerochen?

Was haben Sie gelernt? Was hat Sie überrascht? Was hat Ihnen Freude gemacht?

Checkliste:

☐ Mit Freunden Ausflug zum Ende der Bus- oder U-Bahnlinie gemacht

Fazit Woche 3

Klopfen Sie sich selbst auf die Schulter! Drei Wochen schaffen Sie es nun schon, eine bessere digitale Balance zu halten. In der vergangenen Woche haben Sie eine Todesanzeige für den Stadtplan (oder vielleicht für die Sofortbildkamera?) geschrieben. Sie haben hoffentlich ein Buch gefunden, das Sie wirklich begeistert, und eine Hülle für Ihr Smartphone, die Sie wirklich grauenhaft finden. Sie haben den Nicht-stören-Modus und zeitliche Limits für spezifische Apps kennengelernt – und eine völlig neue Ecke Ihrer Stadt. Zeit für eine kurze Bestandsaufnahme und Zwischenanalyse.

Wenn Sie an den Beginn der Challenge vor drei Wochen zurückdenken – wie hat sich Ihr Schlaf seitdem entwickelt?

____

____

____

____

Und wie Ihre Gespräche und zwischenmenschlichen Kontakte?

____

____

Wie hat sich Ihre Stimmung verändert? Sind Sie optimistischer? Ausgeglichener? Zufriedener? Oder fühlen Sie sich öfter gestresst, geängstigt? Oder nehmen Sie gar keine Veränderung wahr?

Abgesehen von den Menschen, die sie zu Beginn gefragt haben, ob Sie an der Challenge teilnehmen wollen: Sprechen Sie mit anderen über Ihr Projekt? Warum – oder warum nicht?

Falls Sie anderen davon erzählen: Wie würden Sie deren Reaktion beschreiben?

___

___

___

___

Wie fühlen Sie sich, wenn Sie mit anderen darüber sprechen?

___

___

___

Welcher Aspekt Ihrer Smartphone-Nutzung macht Ihnen noch die größten Probleme? Was bringt Sie am häufigsten oder am leichtesten aus der digitalen Balance?

___

___

___

Woche 4

Tag 22 Datum: ___________

Eine weitere Anregung, um sich in Sachen Smartphone zu mäßigen: Reduzieren Sie Ihren Datentarif. Wenn Ihr Datenvolumen begrenzt ist und Sie dieses aufgebraucht haben, wird Ihre Verbindungsgeschwindigkeit stark gedrosselt. Wer das im Kopf hat, geht automatisch sparsamer damit um als bei einer gigantischen Datenflatrate. Die meisten Mobilfunkanbieter werden versuchen, Ihnen einen immer umfangreicheren Tarif anzubieten, und nicht begeistert sein, wenn Sie auf eine niedrigere (und damit fast immer günstigere) Flatrate umsteigen wollen. Aber lassen Sie nicht locker. Notfalls können Sie zu einem anderen Provider wechseln und dort gleich mit einem niedrigeren Tarif einsteigen (und Ihre Rufnummer mitnehmen). Aber eigentlich dürfte diese Drohung schon reichen, um dasselbe bei Ihrem jetzigen Anbieter zu bekommen.

Vielleicht sind Ihr Problem aber auch gar nicht die langen Zeitspannen, die Sie mit dem Smartphone vertrödeln. Sondern eher die Häufigkeit, mit der Sie es herausholen und kurz alle Ihre Lieblings-Apps durchscannen. In diesem Fall kann es sinnvoll sein, das Passwort, mit dem Sie Ihr Smartphone entsperren, absichtlich etwas komplizierter zu machen.

Gar keine Sicherung zu haben und somit jedem, der Ihr Telefon in die Hände bekommt, vollen Zugriff zu gewähren ist ohnehin extrem leichtsinnig. Viele neue Smartphone-Modelle verfügen auch über eine Gesichts- oder Fingerabdruckerkennung, die das Entsperren so schnell macht wie ein Blinzeln. Sie können diese bequeme Funktion aber genauso gut abschalten und wieder die Eingabe einer PIN oder noch besser eines längeren Passworts verlangen. Eine nur vierstellige PIN oder ein kurzes gezeichnetes Muster sind ohnehin relativ unsicher. Ein Passwort von acht oder mehr Zeichen ist ein optimaler Schutz.

Wenn Sie es sich selbst richtig schwer machen wollen, wählen Sie ein Passwort, das Sie an Ihren Vorsatz erinnert, das Gerät weniger oft zur Hand nehmen zu wollen. »warum-genau-tue-ich-das?« oder »habichnixbessereszutun?« sind Beispiele dafür. Oder Sie wählen etwas, das Sie an eine der Aktivitäten erinnert, die Sie sich zu Beginn der Challenge vorgenommen haben und mit der Sie mehr Zeit verbringen wollten. Also »Meditier_lieber!« oder »IchbinkeinBuch.Legmichweg!« zum Beispiel.

Checkliste:

- ☐ Datentarif überdacht und gegebenenfalls in einen niedrigeren gewechselt
- ☐ Entsperren des Smartphones umständlicher gemacht

Tag 23 Datum: ___________

Ich gebe zu: Bisher ist das Smartphone in diesem Buch nicht allzu gut weggekommen. Es wurde als Spielautomat und Droge bezeichnet, als Zeitvertrödelungsmaschine und Manipulator. Aber natürlich stellt es auch eine wichtige Informationsquelle dar. Wir können uns dank Internet und Smartphone besser als je zuvor über das Weltgeschehen informieren. Wir können dem Dax oder der Bundesliga, einer Landtagswahl oder einer Flugzeugentführung sowie unzähligen anderen Ereignissen nahezu in Echtzeit folgen. Und wir können Minuten nach jedem größeren Ereignis sofort Einschätzungen, Kommentare und Deutungen dazu lesen.

Die Frage ist nur: Was davon ist wirklich wichtig? Wie sinnvoll ist die Schnelligkeit? Wie gewinnbringend das Überangebot von unterschiedlichen Stimmen und Meinungen zu jedem beliebigen Thema? Bitte nicht falsch verstehen: Natürlich ist es wunderbar, dass statt eines einzigen Zentralorgans eine Vielzahl an unterschiedlichen Nachrichtenquellen existiert. Social Media gibt vielen Menschen eine Stimme, die sonst keine hätten.

Ich bin mir nur nicht ganz sicher, ob es als Empfängerin oder Empfänger immer sinnvoll ist, diese ganze Vielfalt permanent auszuschöpfen. Aus diesem Grund habe ich am Anfang der Challenge vorgeschlagen, dass Sie sich neben den sozialen Netzwerken auch von den verschiedenen News-Apps trennen. Falls Sie diesem Vorschlag gefolgt sind, hoffe ich, dass Sie den permanenten Strom an Neuigkeiten nicht zu sehr vermissen. Man kommt ja auch an genügend anderen Stellen damit in Berührung: In immer mehr öffentlichen Verkehrsmitteln oder an Haltestellen hängen Bildschirme mit Nachrichtenmeldungen. Im Büro wird über wichtige Neuigkeiten gesprochen. Ein namenloser Student in der Fokusgruppe eines Meinungsforschungsinstituts brachte es in einer Befragung zum Thema Medienkonsum auf den Punkt: »Wenn die Nachricht so wichtig ist, wird sie mich schon finden.«[40]

Falls Ihnen dieser Gedanke nicht behagt und Sie das Gefühl haben, durch die Smartphone-Challenge auch die wichtigen Nachrichten nicht mehr mitzubekommen, denken Sie über Alternativen nach. Vielleicht lohnt es sich ja, falls sie keine bekommen, wieder eine Tageszeitung zu abonnieren. Es kann gut sein, dass Sie Ihr letztes Abo gekündigt haben, weil Sie nicht mehr zum Lesen kamen und deshalb permanent ungelesenes Altpapier entsorgen mussten. Aber Sie haben jetzt ja mehr Zeit. Vielleicht ist auch eine Wochenzeitung passender. Oder Sie suchen sich eine regelmäßige Radiosendung, die Sie unaufgeregt über die Nachrichten des Tages informiert (beispielsweise »Informationen am Abend« im Deutschlandradio).

Checkliste:

☐ Bei Nachrichtenbedarf für die Zukunft eine gute Informationsquelle gesucht

Tag 24 Datum: ___________

Viele Apps versuchen, uns mit psychologischen Tricks dazu zu bringen, sie oft zu nutzen. Spiele appellieren an unseren sozialen Charakter, um uns anzulocken. Snapchat manipuliert uns mit Streaks, damit wir Konversationen um jeden Preis täglich fortsetzen. Und wenn wir unser Profil bei einem Social-Media-Netzwerk nicht bis ins letzte private Detail ausfüllen, nörgelt ein Fortschrittsbalken: »Du hast nur 80 Prozent deines Profils ausgefüllt – komplettiere es jetzt!«

Man nennt solche Mechanismen Gamification. Spielerisch werden Nutzer dabei dazu gebracht, Dinge zu tun. Das kann durchaus auch positiv sein: Eine Fitness-App, die mir einen virtuellen Orden verleiht, weil ich beispielsweise genügend Stufen hochgestiegen bin, um den Eiffelturm zu erklettern, kann mich motivieren, weiterhin Sport zu treiben. Eine App zum Sprachenlernen, die mich mit Fanfaren belohnt, wenn ich zehn Tage in Folge Vokabeln geübt habe, ist ein gutes Mittel gegen meinen Lieblingssatz: »Was du heute kannst besorgen – ach, ich schreib den Satz morgen zu Ende.«

Wir können Gamification auch einsetzen, um Ablenkungen durch unser Smartphone zu verhindern. Meine Lieblings-App in dieser Kategorie ist »Forest«. Es mag seltsam klingen, eine App zu benutzen, um weniger oft aufs Telefon zu schauen. Und wenn Sie es ohne schaffen, umso besser. Andernfalls kann »Forest« ein nützlicher Helfer sein. Die App funktioniert so: Wenn Sie konzentriert arbeiten wollen, pflanzen sie einen virtuellen Baum und stellen ein, wie lange Sie Ihr Telefon nicht in die Hand nehmen wollen.

Dann legen sie es weg. Wenn Sie es schaffen, die vorgegebene Zeit einzuhalten, haben sie einen gesunden Baum gepflanzt, den Sie sich hinterher in einem Garten ansehen können. Dieser Garten dient auch als Statistik, wie lange Sie letzte Woche oder letzten Monat die App genutzt haben, um produktive Zeit zu gewinnen.

Falls Sie Ihr Telefon vor Ablauf der Zeit in die Hand nehmen, bekommen Sie eine kurze Warnung, das Gerät wieder hinzulegen. Falls sie diese ignorieren, verwittert Ihr Baum. Es mag albern wirken, denn es geht nicht um echte Bäume, sondern um ein paar Pixel auf einem Bildschirm. Aber mir hat die App schon so manches Mal geholfen, den Impuls nachzuschauen, ob mir XY eigentlich schon geantwortet hat, zu unterdrucken. Beispielsweise im Zug, wo es schwierig ist, das Smartphone weit wegzulegen, um die Versuchung zu minimieren.

Andere Apps, die ähnlich spielerisch funktionieren, sind »Donut Dog« und »Focus Plant«. Bei »Donut Dog« pflanzen Sie keine Bäume, sondern füttern einen hungrigen Hund mit Donuts – die sie durch Smartphone-freie Zeit herstellen. Bei »Focus Plant« sammeln Sie Wasser, wenn Sie Ihr Smartphone nicht benutzen. Damit bewässern Sie dann verschiedene Pflanzen. »Forest« ist die minimalistischste dieser Apps und deshalb mein Favorit. Aber da Sie alle drei kostenlos testen können, schauen Sie einfach, welche Ihnen am besten gefällt.

Checkliste:

☐ Konzentrations-App installiert (optional)

Ich weiß nicht, ob Sie einen Keller haben oder eine Garage oder einen Dachboden – oder vielleicht sogar alles drei. Solche Räume haben etwas gemeinsam: Wir stellen nach und nach Dinge hinein, holen diese aber nur selten wieder heraus. Das ist auch der Grund, warum die meisten Keller, Garagen oder Speicher vollgestellt sind mit Kisten und eingestaubten Dingen. Es gruselt uns davor, dort mal richtig auszumisten. Also wird das Kuddelmuddel mit jeder neuen Kiste, die wir reinstellen, weil wir uns von den Dingen darin nicht trennen können, nur noch größer.

Mit E-Mail-Eingängen ist es so ähnlich. Irgendwann haben Sie mal ein Hotel gebucht und vergessen, an der richtigen Stelle das Newsletter-Häkchen wegzumachen. Und seither schreibt Ihnen dieses Hotel bei jeder sich bietenden Gelegenheit. Frühlingsrabatt! Romantik-Wochenende! Jetzt buchen! Shoppingseiten melden sich mit Sonderangeboten; Ihr Fitnessstudio berichtet von neuen Öffnungszeiten; das Café, bei dem Sie irgendwann einmal Ihre Mailadresse eingeben mussten, um das WLAN benutzen zu können, erinnert Sie an den Valentins- oder Muttertag. Wenn Sie etwas online bestellt haben, können Sie sich darauf verlassen, mindestens noch drei Mails zu erhalten, in denen Sie gebeten werden, das Produkt oder den Shop zu bewerten.

Selbst die Newsletter, für die Sie sich sogar absichtlich angemeldet haben – vielleicht, weil sie interessante Neuigkeiten aus Ihrer Branche enthalten oder jeden Tag fünf Spanisch-Vokabeln verschicken –, landen oft ungelesen im Papierkorb, weil Sie einfach nicht zum Lesen kommen. Und so wie die unnützen Dinge im Keller immer mehr werden, so werden auch die Mails, die täglich automatisiert in Ihrem Posteingang landen, immer mehr.

Doch damit ist ab heute Schluss: Bestellen Sie jeden Newsletter ab, den Sie nicht wirklich lesen. Keine Angst, wichtige E-Mails wie Buchungsbestätigungen oder Versandbenachrichtigungen erhalten Sie nach wie vor. Gehen Sie am besten auch gleich den Papierkorb Ihres Mail-Programms durch, um die Newsletter der letzten Tage zu finden. Eigentlich muss jeder einen Abbestellen-Link am Ende haben, auch wenn man diesen manchmal mit der Lupe suchen muss.

Wenn Sie schon dabei sind: Überlegen Sie auch, aus welchen Gruppen-Chats in WhatsApp, Slack oder ähnlichen Messenger-Apps Sie sich abmelden können, ohne dass Ihr Leben komplett zusammenbricht. Okay, die Fahrgemeinschaft aus Ihrem Viertel, die reihum die Kinder in die Kita bringt, muss weiterhin sein. Aber die Gruppe von diesem Junggesellinnen- oder Junggesellenabschied im vorletzten Jahr, in der man sich nur noch ab und zu lustige Bilder hin und her schickt? Verdrücken Sie sich – oder falls Sie sich nicht trauen, schalten Sie die jeweiligen Chatgruppen einfach stumm.

Wenn Sie jetzt noch Energie haben, könnten Sie theoretisch auch noch in Ihren Keller gehen und ... na gut, ich lasse Sie für heute in Ruhe.

Checkliste:

☐ E-Mail-Newsletter abbestellt

☐ Alle nicht wirklich nötigen Chatgruppen verlassen

Eine kleine Vorwarnung: Übermorgen werden Sie für den ganzen Tag auf Ihr Smartphone verzichten. Passen Sie also Ihre Pläne vielleicht schon mal dahingehend an. Morgen gibt es aber auch noch einmal detaillierte Instruktionen zur Vorbereitung.

Für heute habe ich wieder einen eher technischen Trick für Sie. Eine durchaus effektive Methode, sich abendliche Netflix-Marathons und frühmorgendliches Social-Media-Surfing zu erschweren, ist eine zeitlich begrenzte Abschaltung Ihres Internetzugangs. Bei vielen Routern können Sie diese in den Einstellungen anpassen und zum Beispiel festlegen, dass das Gerät sich täglich um 22 Uhr aus- und erst am nächsten Tag um acht Uhr wieder einschaltet. Zehn Stunden Internetpause sind machbar, oder?

Den Router umzustellen klingt komplizierter, als es letztlich ist. Die Vorgehensweise kann allerdings je nach Fabrikat unterschiedlich sein. Googeln Sie einfach Ihr Routermodell und »Einstellungen ändern« und Sie finden sicherlich eine Schritt-für-Schritt-Anleitung. Falls es Ihnen dennoch zu kompliziert ist, können Sie auch eine Zeitschaltuhr verwenden, die den Router abends vom Strom nimmt und morgens wieder anschaltet.

Schon klar, mit Ihrem Smartphone kommen Sie auch ohne WLAN ins Netz. Aber zum einen haben Sie ja vielleicht Ihren Datentarif schon runtergestuft, zum anderen hoffentlich einen allabendlichen Nicht-stören-Modus aktiviert und einen Platz außerhalb des Schlafzimmers gefunden, an dem das Gerät die Nacht verbringt. Der Trick mit dem Router ist also eher für Ihren normalen Rechner oder den Netflix-Marathon am Smart-TV gedacht.

Sie merken vielleicht: Die verschiedenen Tricks und Werkzeuge, die Sie in der Challenge kennengelernt haben, schließen sich nicht aus, sondern ergänzen sich. Wovon ich abraten würde, sind Störsender, mit denen Sie neben dem WLAN-Signal auch das Mobilfunksignal blockieren können. Zum einen sind diese – auch Handy-Blocker oder Jammer genannten – Geräte in der EU verboten. Vermutlich könnten Sie sich aus Asien dennoch welche bestellen, aber auch der Betrieb ist untersagt und wird mit bis zu 1000 Euro Bußgeld geahndet. Zum anderen sind solche Störsender auch insofern problematisch, als dass Sie damit unter Umständen den Empfang Ihrer Nachbarn blockieren – ein massiver Übergriff, der niemandem zusteht. Auf dieses eine Hilfsmittel müssen Sie also bitte verzichten.

Checkliste:

- ☐ Mental auf die 24-Stunden-Smartphone-Auszeit an Tag 28 vorbereitet – und Pläne gegebenenfalls angepasst
- ☐ Bei Interesse Router-Einstellungen so geändert, dass dieser sich abends ausschaltet

Tag 27 Datum: ____________

Na, schon nervös? Nutzen Sie den heutigen Tag bitte nicht, um noch so viel wie möglich auf Ihr Smartphone zu schauen – als Vorratshaltung sozusagen. Bereiten Sie sich stattdessen auf die morgige Auszeit vor.

Planen Sie am besten etwas, das Sie besonders gern tun. Das können ein oder zwei Dinge aus dem Spaßglas sein oder ein etwas größerer Ausflug, für den Sie sich sonst nicht die Zeit nehmen. Natürlich können Sie sich auch mit Freunden verabreden, aber stellen Sie in diesem Fall sicher, dass sie zumindest von Ihrer Auszeit wissen und vielleicht sogar mitmachen (im Idealfall für den ganzen Tag, mindestens aber für die Zeit, die Sie gemeinsam verbringen).

Weitere Vorbereitungen hängen von Ihnen selbst ab: Wenn Sie an Ihrem Smartphone-freien Tag mit alten Freunden auf dem Festnetz telefonieren wollen, tun Sie sich keinen Zwang an. Das ist eine gute Idee, die Zeit zu verbringen – aber denken Sie daran, sich vorher die wichtigsten Nummern auf einem Zettel zu notieren. Oder gleich hier:

Wichtige Nummern:

Name: ____________ Nummer: ____________

Name: ____________ Nummer: ____________

Name: ____________ Nummer: ____________

Name: ____________ Nummer: ____________

Wenn Sie wie vorgeschlagen die Challenge an einem Montag begonnen haben, sollte Ihre 24-Stunden-Auszeit morgen auf einen Sonntag fallen. Für die meisten Menschen löst dies das Problem der beruflichen Erreichbarkeit. Falls Sie trotzdem Bedenken haben, 24 Stunden keine Mails beantworten zu können, richten Sie sich eine automatische Antwort ein, wie Sie es normalerweise für Ihren Urlaub täten. Sie müssen natürlich nicht unbedingt erwähnen, dass Sie eine Smartphone-Auszeit nehmen. Es schadet aber auch nichts, wenn die Leute wissen, dass Sie auf sich und Ihre digitale Balance achten.

Übrigens können Sie auch eine automatische Antwort für Textnachrichten einstellen. Bei iOS funktioniert das über einen Trick: Stellen Sie unter Einstellungen > Nicht stören die Option »Beim Fahren nicht stören« auf manuell. Weiter unten können Sie dann den Antworttext eingeben. Dann wählen Sie Einstellungen > Kontrollzentrum > Steuerelemente anpassen. Dort aktivieren sie das Auto-Symbol. Um die Option morgen einzuschalten, müssen Sie im Kontrollzentrum (von rechts oben, wo das Batteriesymbol ist, nach unten wischen) den Autofahrmodus einschalten. Dann bekommt jeder, der Ihnen schreibt, die automatische Antwort. Bei Android müssen Sie für diese Funktion leider eine separate App herunterladen. Empfehlungen sind schwierig, da sich das schnell ändert. Suchen Sie im Play Store am besten nach »SMS Autoreply«.

Checkliste:

- ☐ Freunden Bescheid gesagt
- ☐ Telefonnummern notiert
- ☐ Automatische Antwort bei Mails und SMS eingestellt

Tag 28 Datum: ____________

Nun ist er gekommen, der Tag Ihrer Smartphone-Abstinenz. Falls Sie es nicht schon gestern Abend getan haben, schalten Sie Ihr Telefon jetzt bitte aus. Nicht auf lautlos, nicht in den Flugmodus, sondern ganz und gar aus. Sie haben ja vermutlich schon bei den drei kürzeren Auszeiten in den vergangenen Wochen festgestellt, wie komisch sich das erst einmal anfühlt. Aber nach einer Weile auch: wie gut.

Egal, was Sie sich für den heutigen Tag vorgenommen haben, was Sie unternehmen – sitzen Sie nicht zu Hause und starren die Wand an, während Sie darauf warten, dass der Tag vorbeigeht. Bert te Wildt, Chefarzt der psychosomatischen Klinik in Dießen am Ammersee und Experte für Verhaltenssüchte und Internetabhängigkeit, hat es so formuliert, als ich mit ihm über das Thema sprach: »Es hilft nichts, jemandem nur das Smartphone zu verbieten. Es muss dann auch etwas diese Leerstelle füllen. Viele Menschen müssen wieder lernen, etwas mit ihrer Zeit und ihrem Körper anzufangen.« Nur relaxen bringt aus seiner Sicht auch nichts. Entscheidend sei ein Wechsel aus An- und Entspannung. »Das kann Kampfsport sein, Klettern, Ausdauersport – in Kombination mit Yoga, Meditation oder kulturellen Erlebnissen wie Konzerten oder Lesungen. Dinge, die sinnstiftend sind, aber keiner funktionalen Verwertungslogik folgen.« Solch ein Wechsel aus Erlebnis und Erholung, Aufregung und Entspannung wäre auch heute sinnvoll. Packen Sie sich den Tag also nicht zu voll, vergammeln Sie ihn aber auch nicht.

Noch ein paar kleine Anregungen: Wenn wir den ganzen Tag auf unser Smartphone starren, bringen wir uns selbst um die Chance zufälliger Begegnungen. Das muss gar nicht der Mann oder die Frau fürs Leben an der Käsetheke sein. Ein kurzer freundlicher Wortwechsel mit jemandem, den wir nicht kennen, reicht auch schon, um den Tag ein klein wenig besser zu machen. Nehmen Sie sich für heute also vor, mindestens ein kurzes Gespräch mit jemandem zu führen, den Sie nicht kennen. Die meisten Leute freuen sich über ein unverhofftes freundliches Wort – und wenn Sie an einen Miesepeter geraten, gehen Sie darüber hinweg, aber lassen Sie sich nicht beirren.

Der zweite Vorschlag: Vielleicht sehen Sie etwas, dass Sie normalerweise fotografieren und auf Instagram teilen würden. Oder Ihnen kommt ein Gedanke, den Sie normalerweise auf Facebook oder Twitter posten würden. Erzählen Sie stattdessen später jemandem davon, oder notieren Sie sich den Gedanken, und rufen Sie, wenn Sie wieder zu Hause sind, jemanden an und sprechen mit ihr oder ihm darüber.

Aber jetzt genug der Ratschläge: Gehen Sie raus und genießen Sie den Tag. Er gehört ganz allein Ihnen!

Checkliste:

☐ Die Freiheit vom Smartphone voll und ganz genossen

Fazit Woche 4

Ich hoffe, Sie haben Ihren Offlinetag gut überstanden und konnten ihn sogar genießen. Der vierte und letzte Wochenrückblick soll sich deshalb vor allem um den gestrigen Tag drehen.

Wovor hatten Sie im Vorfeld des Offline-Tages am meisten Angst?

Im Nachhinein beurteilt: zu Recht?

Was haben Sie an dem Tag ohne Smartphone am meisten genossen?

Was hat Sie genervt?

Welche zufälligen Begegnungen und Gespräche haben sich ergeben?

Haben Sie etwas getan oder erlebt, das sich mit Smartphone wahrscheinlich nicht ergeben hätte?

Was war der schönste Moment des Tages?

Warum war er das?

Zuletzt: Haben Sie geschummelt?

Nachbereitung

Tag 29 Datum: ____________

Bevor die Challenge morgen endet, folgt hier eine kleine Aufgabe, um die Ehre des Smartphones ein wenig wiederherzustellen. Schreiben Sie auf, wofür Sie dankbar sind, wenn es um Ihr Smartphone geht. Was sind seine positiven Aspekte? Dass Sie sich keine Telefonnummern und Adressen mehr merken müssen? Dass Sie (vermeintlich) peinliche Dinge nicht mehr im Laden kaufen müssen, sondern online bestellen können? Dass Sie den Stapel von Pizzaservice-Flyern, die früher immer neben dem Festnetztelefon lagen, wegwerfen konnten? Dass Sie seit Jahren keinen Fotofilm mehr zum Entwickeln bringen mussten – und dass Sie kein schlechtes Gewissen wegen der nie in ein Album geklebten Abzüge mehr plagt?

Bitte planen Sie außerdem einen regelmäßigen Check Ihrer Smartphone-Gewohnheiten. Das kann wöchentlich sein oder einmal im Monat. Vielleicht genügt auch viermal im Jahr. Schreiben Sie sich in jedem Fall eine entsprechende Erinnerung in den Kalender, und fragen Sie sich an diesen Terminen ganz ehrlich, wie sich Ihre Smartphone-Nutzung seit dem letzten Check verändert hat: Haben Sie doch wieder ein paar Social-Media- oder Spiele-Apps installiert? Ein paar der Tricks ausgehebelt? Ihre Hobbys oder Aktivitäten vernachlässigt, die Sie seit Beginn der Challenge wieder intensiver gepflegt hatten?

Bedanken Sie sich bitte außerdem bei allen, die Sie in den letzten vier Wochen unterstützt haben. Wenn es Ihre Familie oder Freunde waren, die mit Ihnen zusammen die Challenge bewältigt haben, ist vielleicht ein gemeinsames Abendessen in einem schönen Restaurant angebracht. Oder kochen Sie zu Hause etwas Besonderes für die anderen. Wenn es jemand war, der Ihnen anderweitig geholfen hat, ist vielleicht ein Anruf, ein Blumenstrauß oder eine Dankeschön-Karte angemessen.

Und noch ein Vorschlag, solange Sie vielleicht noch ein wenig berauscht sind vom Wind der Freiheit, der Ihnen bei der gestrigen Offline-Erfahrung um die Nase geweht hat: Überlegen Sie sich, bei welchen sozialen Netzwerken Sie sich komplett abmelden wollen. Ich vermute, dass Sie im Lauf der letzten vier Wochen gemerkt haben, welche Ihnen wirklich wichtig sind, Spaß machen oder zumindest einen Nutzen bringen. Und welche absolut entbehrlich sind. Ziehen Sie zumindest in Erwägung, bei letzteren dauerhaft Ihr Konto löschen zu lassen.

Checkliste:

- ☐ Dem Smartphone gedankt
- ☐ Kalendereintrag für regelmäßige Checks der Smartphone-Gewohnheiten gemacht
- ☐ Leuten gedankt, die in den vergangenen vier Wochen Unterstützung gegeben haben
- ☐ Konten bei sozialen Netzwerken gelöscht, die sich in den letzten vier Wochen als komplett entbehrlich erwiesen haben

Yeah, Sie haben die 30-Tage-Challenge für eine bessere digitale Balance erfolgreich absolviert! Herzlichen Glückwunsch! Schreiben Sie mir gern, wie es Ihnen ergangen ist und wie Sie sich jetzt fühlen (ck@christoph-koch.net). Welche Anregungen haben Ihnen besonders gut gefallen? Welche haben Ihnen weniger gebracht oder waren schwierig umzusetzen? Ich freue mich wirklich über jede Nachricht und werde versuchen, alle zu beantworten und so viele wie möglich in zukünftige Auflagen des Buches, in Workshops oder Vorträge einfließen zu lassen, um die 30-Tage-Challenge noch weiter zu verbessern.

Wenn Ihnen die Challenge gefallen hat, erzählen Sie anderen davon. Es gibt für ein Buch keine größere Hilfe, als zufriedene Leserinnen und Leser, die es weiterempfehlen. Es gibt dafür verschiedene Möglichkeiten.

Buchbewertungen: Es muss keine Lobhudelei sein. Schreiben Sie ehrlich, was Ihnen gefallen hat und was hätte besser sein können. Online-Buchhändler sind gute Orte für eine Rezension, Buchplattformen wie Goodreads oder Lovelybooks ebenfalls. Sie müssen sich nicht die Mühe machen und jedes Mal einen neuen Text schreiben: Sie können Ihre Bewertung auch kopieren und auf mehreren Plattformen posten.

Social Media: Wenn Sie das Gefühl haben, mehr Menschen könnten eine Auszeit von ihrem Smartphone gebrauchen, empfehlen Sie die Challenge in den sozialen Medien weiter. Denn wo sonst stehen die Chancen so gut, genau diese Menschen zu erreichen? Aber denken Sie daran: Loggen Sie sich nach dem Posten wieder aus und nutzen Sie Social Media in Maßen.

Verschenken: Wenn Sie eine ganz bestimmte Person kennen, die von diesem Buch besonders profitieren könnte, müssen Sie diese Person natürlich nicht auf Social Media anschreiben. Schenken Sie ihr einfach das Buch. Ich schreibe das nicht, weil ich um jeden Preis mehr Bücher verkaufen will, ich freue mich genauso, wenn Sie Ihr eigenes Exemplar verschenken. Hauptsache, es machen sich mehr Leute Gedanken über ihre Smartphone-Gewohnheiten!

Lesegruppe: Die ideale Runde, in der man das Buch mit anderen lesen kann, ist natürlich ein Lesekreis, in dem Sie sich regelmäßig treffen und über Bücher sprechen. Aber auch ein Sportverein, ein Stammtisch oder eine andere Gruppe kann sich dafür eignen, das Buch gemeinsam zu lesen, die Challenge gemeinsam durchzuführen und darüber zu sprechen. Natürlich sollen Sie niemanden zu seinem oder ihrem Glück zwingen. Aber Sie werden überrascht sein, wie viele Menschen sich innerlich bereits mit dem Thema Smartphone-Sucht beschäftigen und dankbar sind für einen Anstoß.

Wenn ich Sie dabei unterstützen kann, lassen Sie es mich bitte wissen. Wenn Sie signierte Exemplare des Buchs möchten oder wollen, dass ich in Ihre Firma oder Organisation komme und einen Vortrag oder Workshop halte – bitte schreiben Sie mir.

Fazit Challenge insgesamt

Nachdem Sie die 30-Tage-Challenge nun hinter sich gebracht haben, möchte ich Sie bitten, geistig noch mal an den Anfang zurückzukehren und die Erlebnisse und Erkenntnisse des letzten Monats gedanklich zu verarbeiten.

Was ist Ihnen rückblickend schwerergefallen als gedacht?

____

____

____

____

____

Was war hingegen überraschend einfach?

____

____

____

____

____

Abgesehen von Ihrer Smartphone-Nutzung: Was hat sich insgesamt in den letzten vier Wochen verändert? (Denken Sie an Ihren Schlaf, Ihre Haltung, Stimmung, Beziehungen zu anderen und so weiter.)

Was haben Sie an Ihrem Smartphone schätzen gelernt, was Sie vorher gar nicht von ihm wussten?

Welche negativen Seiten Ihrer Smartphone-Nutzung sind Ihnen durch die Challenge erst richtig bewusst geworden?

Am Anfang der Challenge haben Sie gelernt, wo Sie nachsehen können, wie lange und wie oft Sie durchschnittlich pro Tag Ihr Smartphone nutzen. Schauen Sie doch mal, wie die Zahlen für die vergangene Woche aussehen, und tragen Sie diese hier ein:

Ich habe in den letzten sieben Tagen der Challenge mein Smartphone durchschnittlich ____ Stunden und ___ Minuten benutzt. Ich habe es dabei durchschnittlich ____ Mal pro Tag in die Hand genommen.

Blättern Sie nun bitte zurück zu Tag 2. Dort haben Sie festgehalten, wie die Dauer und Häufigkeit vor der Challenge aussahen. Ich hoffe, Sie erkennen einen deutlichen Unterschied zwischen den damaligen Zahlen und den aktuellen.

Und wie steht es mit den Werten, die Sie sich vorgenommen haben? Konnten Sie Ihr Ziel erreichen? Falls nicht, gehen Sie nicht zu streng mit sich ins Gericht. Fragen Sie sich stattdessen, woran es gelegen haben könnte. War die geplante Reduktion zu radikal? Hatten Sie in der vergangenen Woche viel Stress und haben deshalb häufig zum Smartphone gegriffen? Schauen Sie auch mal in die anderen Wochen der Challenge. Vielleicht waren Ihre Werte dort niedriger und sind erst in der letzten Woche wieder gestiegen.

Doch falls Sie Ihr Ziel erreicht haben – herzlichen Glückwunsch!

TEIL 3
Warum wir eine digitale Balance brauchen

Sie können und sollen diesen Teil des Buchs gern schon lesen, während Sie die 30-Tage-Challenge absolvieren. Denn im Folgenden finden Sie einige Argumente, warum es sich lohnt, durchzuhalten und seltener aufs Smartphone zu schauen. Falls Sie also an manchen Tagen ein wenig mit sich und der Challenge hadern oder sich fragen, wozu das alles gut sein soll, kann ich Ihnen hier hoffentlich ein paar Antworten und somit eine zusätzliche Motivation zum Durchhalten bieten.

Das perfekte Leben der anderen

»Das Vergleichen ist das Ende des Glücks und der Anfang der Unzufriedenheit«, schrieb der dänische Philosoph Søren Kierkegaard.[41] Wenn es etwas gibt, worin sich Psychologen und Glücksforscher einig sind, dann das: Wer sich permanent mit anderen vergleicht, macht sich selbst unglücklich. Statt ständig darauf zu schielen, was unsere Mitmenschen erreichen, verdienen oder besitzen, sind wir besser beraten, wenn wir uns auf uns selbst und unsere eigenen, echten Bedürfnisse konzentrieren.

Wir schauen nur nach oben

Denn das erste Problem mit dem Vergleichen lautet: Wir orientieren uns tendenziell nach oben. Streng genommen müssten wir jeden Tag vor Freude in die Luft springen, dass wir fließendes Wasser, ein nicht zerbombtes Dach über dem Kopf und genug zu essen haben. Das tun wir aber nicht, sondern sagen: »Woah, die Dachgeschosswohnung da oben hätte ich gern!« oder »Schicker Pool!«. Wir denken: »Wie oft fahren die Müllers dieses Jahr eigentlich noch in den Urlaub?« oder »Was deren Citroen DS wohl gekostet haben mag?«. Wir fragen uns: »Brauche ich nicht schon längst das neueste Modell von XY?«

Das zweite große Problem des ewigen Vergleichens: Wir sehen oft kein ehrliches und wahres Bild. Wir sehen vielleicht das teure Auto des Nachbarn, aber nicht unbedingt die Zeit, die er dafür in Bezug auf seine Familie opfern musste. In den sozialen Medien verschärft sich diese Problematik noch zusätzlich. Es gibt zwar auch Menschen, die Ihre Probleme, Misserfolge und Enttäuschungen auf Facebook, LinkedIn oder Instagram posten. Aber die allermeisten Beiträge, die wir dort finden, sind positiv und zeigen eine rundum heile Welt: mein Restaurantbesuch, meine neuen Turnschuhe, der Ausblick aus meinem Hotelfenster, meine zahlreichen Freunde. Auf LinkedIn werden berufliche Erfolge verkündet; Facebook ist für die malerischen

Sonnenuntergänge am Strand zuständig; Instagram lässt mit Selfie-Filtern jeden dünner und faltenfreier aussehen; in der WhatsApp-Gruppe wird stolz bekannt gegeben, dass der Nachwuchs den Physik-Landeswettbewerb gewonnen hat. Von knallenden Türen, verregneten Nachmittagen oder beruflichen Fehlschlägen hört man deutlich seltener.

Genau diese selektiven Selbstdarstellungen und das dadurch geschönte Bild führen aber dazu, dass man die eigene Unzulänglichkeit umso deutlicher empfindet. Wenn man sich eine Weile dem Schaulaufen in den sozialen Netzen ausgesetzt hat, fragt man sich: Wie kriegen die das alles hin? Und warum ich nicht? Das Verrückte ist, dass wir damit ganz und gar nicht allein sind. Oft denken die anderen genau das über uns. Denn wir posten meist auch nur die besten, schönsten, schokoladigsten Seiten unseres Lebens. Und lassen die hässlichen, langweiligen, traurigen oder schlicht ereignislosen einfach weg.

Was ist Ursache, was Wirkung?

Es gibt zahlreiche Untersuchungen, die einen signifikanten Zusammenhang zwischen intensiver Internet- und vor allem Social-Media-Nutzung und psychischen Erkrankungen wie Depression nachweisen konnten.[42] Fast genauso lange wie diese Studien gibt es allerdings auch Diskussionen darüber. Der Hauptstreitpunkt ist dabei, ob dieser Zusammenhang auch eine Kausalität bedeutet. Oder vereinfacht formuliert: Belegen die Studien, dass Social Media depressiv macht? Oder könnte es sein, dass sie nur zeigen, dass Menschen, die ohnehin zu Depressionen neigen, häufiger und intensiver Social Media nutzen?

Normalerweise kann man diese Frage nach Korrelation versus Kausalität am besten über Langzeitstudien lösen. Mit den Langzeitstudien zum Thema Social Media ist es nur leider so eine Sache. Wer beispielsweise im Jahr 2008 in Deutschland eine große Langzeituntersuchung zum Thema Social Media und psychische Gesundheit starten wollte, hätte das wahrscheinlich anhand der Netzwerke MySpace oder StudiVZ getan – und seine Daten nach ein paar Jahren wegwerfen können. Das Phänomen Social Media ist einfach noch sehr jung. Snapchat wurde vor weniger als zehn Jahren gegründet, TikTok vor weniger als fünf – so lange dauert es schlimmstenfalls, bis Wissenschaftler ihre Drittmittel für ein Forschungsprojekt zusammenhaben.

Eine Studie von Forscherinnen und Forschern der University of California San Diego und der Yale University hat dennoch gezeigt, dass es in vielen Fällen einen kausalen Zusammenhang gibt.[43] Über einen Zeitraum von zwei Jahren beobachteten sie sowohl die Facebook-Nutzung von über 5000 erwachsenen Amerikanerinnen und Amerikanern als auch deren freundschaftliche Verbindungen im »echten Leben«, ihre Lebenszufriedenheit, ihre psychische und körperliche Gesundheit sowie ihren Body Mass Index (BMI). Ein großer Vorteil dabei war, dass die Forscher Zugriff auf die Facebook-Konten der Probanden hatten. Somit konnten sie deren Nutzungshäufigkeit objektiv messen, während viele andere Studien sich auf Schätzungen der Nutzerinnen und Nutzer verlassen müssen, die notorisch ungenau sind.

Die wichtigsten Ergebnisse der Studie, die im American Journal of Epidemiology erschien: Während sich reale Freundschaften positiv auf das gesamte Wohlbefinden auswirken, wirkt sich die Facebook-Nutzung negativ darauf aus. Am stärksten gilt das für die psychische Gesundheit. Wer im einen Jahr Facebook intensiv nutzte, zeigte mit hoher Wahrscheinlichkeit im folgenden Jahr eine schlechtere mentale Verfassung. »Wir konnten durchgängig feststellen, dass sowohl das Liken von Inhalten anderer als auch das Anklicken von Links zu einem späteren Rückgang in physischer und psychischer Gesundheit sowie Lebenszufriedenheit führte«, berichten die Studienleiter Holly B. Shakya und Nicholas A. Christakis. Auch der oft gehörten These, es käme auf die Qualität der Interaktionen an – man müsse also nur mit den richtigen Leuten kommunizieren, dann könne Facebook auch glücklich machen –, widersprechen die Forscher. Ihre Daten zeigten, dass auch unabhängig von der Qualität der Kontakte allein die Menge der Facebook-Nutzung Auswirkungen auf die mentale Gesundheit und das Wohlbefinden hat. »Während jede Art von Bildschirmnutzung problematisch sein kann, ist das Tückische an sozialen Medien, dass sie uns den Eindruck geben, sie würden uns bedeutungsvolle soziale Interaktionen ermöglichen«, sagen die Forscher.

Neben wissenschaftlichen Studien ist natürlich auch Ihr persönlicher Eindruck wichtig. Beobachten Sie, ob sich während der Challenge Ihre Einstellung zu sozialen Medien ändert. Sie müssen ja nicht vollständig auf diese verzichten. Sie bekommen aber ein paar Hilfsmittel an die Hand, um deren Sog und die Zeit, die Sie dort verbringen, zu verringern. Vielleicht stellen Sie ja fest, dass Ihnen das – nach einer Phase der Umgewöhnung und des Entzugs – ganz guttut. Und Sie sich besser damit fühlen, Ihr eigenes Leben zu leben, statt das der anderen zu bestaunen.

Lösch dich, du Opfer!

Doch die Unzufriedenheit, die entsteht, wenn wir uns mit anderen vergleichen, ist nicht das Einzige, was unsere psychische Gesundheit beeinträchtigen kann. In den letzten Jahren ist der Umgangston im Netz deutlich rauer geworden. Es beginnt schon in der Schule: Statt auf dem Pausenhof wird nun immer häufiger per WhatsApp oder auf Instagram gehänselt, gespottet und beleidigt. Cybermobbing oder Cyberbullying sind auch deshalb problematisch, da die heimischen vier Wände nicht mehr wie früher als Schutz- und Rückzugsraum dienen können. Die Attacken gehen digital nach Schulschluss weiter und steigern sich oft noch in ihrer Intensität. Denn bei Angriffen im Klassenchat oder in sozialen Medien sehen die Täter kaum, wie das Opfer unter den Beleidigungen leidet. Empathie und Zurückhaltung sind bei ein paar schnell getippten Sätzen seltener, als würde der Bully im Klassenzimmer sehen, wie sein Opfer in Tränen ausbricht.

Manche ziehen sich eingeschüchtert zurück

Doch das Phänomen ist nicht allein auf Kinder und Jugendliche beschränkt. Überall im Netz nimmt die sogenannte Hassrede zu, oft auch mit dem englischen Begriff *Hate Speech* bezeichnet. Darunter versteht man die Abwertung von Individuen oder Menschengruppen sowie den Aufruf zu Hass oder Gewalt gegen diese Menschen. Auch hier gilt: Das Phänomen von sprachlichen Angriffen ist grundsätzlich nicht neu, bekommt aber durch die oft massive und schnelle Verbreitung über digitale Kanäle eine bislang ungekannte Dimension. Laut einer Forsa-Umfrage sind bereits 67 Prozent aller Internetnutzerinnen und -nutzer auf digitale Hasskommentare gestoßen.[44]

Viele von ihnen fühlen sich dadurch eingeschüchtert, bekennen sich deshalb seltener zu ihrer politischen Meinung oder ziehen sich ganz aus dem digitalen Diskurs zurück. Zu diesem Ergebnis kommt die bisher größte bundesweite Studie zu diesem Thema, »#Hass im Netz«.[45] Frauen stimmten der Aussage »Ich beteilige mich wegen Hassrede seltener an Diskussionen im Netz« dabei häufiger zu als Männer. »Hass im Netz führt auch zu einer Verschiebung der Wahrnehmung über die gesellschaftliche Realität«, sagen die Autoren der Studie. »Wenn die Hater*innen in Kommentarspalten dominieren, entsteht der Anschein, sie seien auch gesellschaftlich in der Mehrheit. […] Hass im Netz verbreitet, bestätigt und legitimiert abwertende Einstellungen und Vorurteile sowie diskriminierendes Verhalten. Rassismus, Sexismus und andere

Formen der Abwertung und Diskriminierung werden dadurch salonfähig.«

Die Gründe, warum sich Hass gerade im Internet verstärkt Bahn bricht und dort öfter, lauter und aggressiver geäußert wird als im direkten Umgang miteinander, sind vielschichtig. Einer davon ist der sogenannte Online-Enthemmungseffekt. Dieser Verlust der Selbstbeherrschung in der schriftlichen Internet-Kommunikation mindert die Empathie und den Respekt vor dem Adressaten. Dazu kommen zusätzliche Faktoren wie Anonymität und Asynchronität der Kommunikation, durch die unmittelbares Feedback, das die eigenen Äußerungen auslösen, fehlt. Dadurch ist es vielen Internet-Pöblern auch möglich, sich sowohl von den eigenen Attacken innerlich zu distanzieren als auch das Gegenüber weniger stark als Menschen wahrzunehmen. Immer wieder reagieren Verfasserinnen und Verfasser von Hasspostings, wenn sie im »echten Leben« mit ihren Äußerungen in Onlineforen oder sozialen Medien konfrontiert werden, überrascht und sind unangenehm berührt, in welchem Tonfall sie sich dort geäußert haben. Wenn wir unsere Zeit mit dem Smartphone und insbesondere mit Social Media verringern, senken wir zum einen das Ausmaß, in dem wir ausfallenden und hasserfüllten Postings ausgesetzt sind. Zum anderen verhindern wir, dass wir selbst irgendwann im Rausch der Empörung verbal wild um uns schlagen und uns hinterher, wenn der Online-Enthemmungseffekt nachlässt, dafür schämen.

Hate Speech ist mehr als nur Gerede

Gerade in den sozialen Medien entsteht oft eine gewisse Gruppendynamik. Die Architektur von Plattformen wie Twitter oder Facebook sorgt dafür, dass tendenziell eher Gleichgesinnte miteinander digital befreundet sind oder einander folgen. Beleidigt also nun jemand aus dem eher rechtskonservativen Lager jemanden als »links-grün versifften Gutmenschen«, ist es durchaus wahrscheinlich, dass er dafür von seinem Umfeld virtuellen Applaus bekommt. Übrigens: Natürlich gibt es auch Beispiele, bei denen von links nach rechts beleidigt wird. Aber sie sind mit rund 10 Prozent deutlich seltener.[46]

Wie gut sich dieser Applaus in Form von Likes und beipflichtenden Kommentaren anfühlt, habe ich bereits im ersten Teil dieses Buches im Abschnitt über Dopamin beschrieben. Und genau dieses Dopamin ist auch dafür verantwortlich, dass die nächste Attacke vielleicht noch aggressiver ausfällt, weil dadurch vermutlich noch mehr Zuspruch aus dem eigenen Lager kommt. Abwägende Stimmen, Kompromisse und komplexere Gedanken gehen im Lautstärkewettbewerb der sozialen Medien oft unter. Das bedeutet wiederum, dass der Antrieb, diese zu äußern, mangels Like-Belohnung immer geringer wird.

Im den schlimmsten Fällen führt Hass im Netz am Ende auch zu realer Gewalt. Das wohl drastischste Beispiel ist der Völkermord an den Rohingya, einer muslimischen Minderheit in Myanmar. Deren Vertreibung und die Gewalttaten gegen sie wurden vorab durch Gewaltaufrufe vor allem bei Facebook angestachelt. Das hat sogar das Unternehmen selbst nach einer Weile zähneknirschend zugegeben. Ein unabhängiger Report habe gezeigt, »dass wir [...] nicht genug getan haben, um zu verhindern, dass unsere Plattform dazu benutzt wird, Spaltung zu schüren und Offline-Gewalt zu entfachen«, schreibt das Unternehmen auf seiner Webseite. »Wir stimmen zu, dass wir mehr tun können und sollten.«[47] Auch dem Mord am Kasseler Politiker Walter Lübke ging eine lange Phase an Hasspostings gegen seine Person voraus. Zu sagen, Hassrede sei nur leeres Gerede, geht also an der Sache und ihrer Gefährlichkeit vorbei.

Doch selbst wenn sie nicht zu tätlichen Angriffen führt, kann Hass im Netz die psychische Gesundheit der Opfer massiv beeinträchtigen. Das Meinungsforschungsinstitut YouGov befragte im Frühjahr 2019 über 7000 Menschen zwischen 18 und 95 Jahren nach ihren Erfahrungen mit digitaler Hassrede.[48] Von denen, die selbst schon einmal Opfer davon geworden waren, klagten 33 Prozent über Stress oder Abgeschlagenheit und 27 Prozent über Angst und Unruhe (Mehrfachangaben waren möglich). Selbstwertprobleme, Depressionen und körperliche Beschwerden wie Kopfschmerzen oder Übelkeit wurden ebenfalls genannt. Unter 25-Jährige gaben an, stärker betroffen zu sein als Ältere, und weibliche Teilnehmende mehr als männliche.

Ausstieg aus der Empörungsmaschinerie

Viele Orte im Netz haben sich im Lauf der Zeit von Plattformen des Wissensaustauschs zu Plattformen des Schlagabtauschs gewandelt. Jeden Tag türmt sich bei Twitter und Facebook eine neue Empörungswelle auf, heute gegen Greta Thunberg, morgen gegen Horst Seehofer, übermorgen wieder gegen jemanden anderen. Und es ist fraglich, ob wir wirklich besser informiert sind, wenn wir jede dieser digitalen Empörungswellen hautnah und in Echtzeit mitverfolgen. Damit will ich nicht sagen, dass Sie den Pöblern und Hasstrolls das Feld überlassen und sich alles gefallen lassen sollen. Wenn Sie digital beleidigt oder bedroht werden, machen Sie dies öffentlich, und bringen Sie es wenn möglich zur Anzeige. Wenn Sie mitbekommen, dass jemand Minderheiten diskriminiert oder bedroht – widersprechen Sie, stehen Sie den Betroffenen bei, oder melden Sie zumindest das Posting bei dem jeweiligen Plattformbetreiber.

Es ist dennoch absolut legitim, aus der Empörungsmaschinerie der emotionalen Manipulation auszusteigen, zu der viele soziale Netze geworden sind. Denn wir dürfen nicht vergessen, dass soziale Medien von Grund auf so ausgelegt sind, dass sie emotionale und extremere Äußerungen gegenüber sachlich-gemäßigten bevorzugen. »Aufgrund der ausschließlichen Finanzierung über Werbeeinnahmen ist Facebook weniger daran interessiert, die Nutzer ausgewogen zu informieren, als vielmehr sie möglichst lange auf der Seite halten«, sagt auch Dr. Axel Maireder, der das Social-Media-Forschungszentrum der GfK in Wien leitet.[49] »Und dieses Engagement funktioniert nachgewiesenermaßen besser über Inhalte, die Emotionen ansprechen – selbst, wenn es Wut ist. Oder über Dinge, die noch krasser sind als das, was ich sonst so zu sehen bekomme.« Wir selbst haben es in der Hand, ob wir dieses Spiel mitspielen oder nicht.

Ich guck nur mal schnell ...

Neben dem Einfluss auf unsere psychische Gesundheit und unser mentales Wohlbefinden haben Social Media und unsere Smartphone-Nutzung generell aber noch weitere Auswirkungen. Eine der wichtigsten: Sie beeinträchtigen unsere Konzentration.

Was ist Konzentration? Man könnte sagen, sie ist nichts weiter als die unglaubliche Fähigkeit, aus der Vielzahl an Eindrücken und Gedanken jene 99,9 Prozent auszublenden, die unwichtig sind, damit wir uns auf das fokussieren können, was für uns gerade relevant ist. Diese oft unterschätzte oder als selbstverständlich empfundene Kraft prägt uns wie nur wenig sonst. Worauf wir uns konzentrieren, welchen Dingen wir unsere Zeit schenken, bestimmt letztlich unser Leben. Bestimmt, wer wir sind.

Mixerkiller statt Supertasker

Ich hielt mich lange Zeit für einen sehr talentierten Multitasker. Es war für mich selbstverständlich, beim Ausräumen der Spülmaschine zu telefonieren – oder beim Kochen einen Podcast oder ein Hörbuch laufen zu lassen. Mich mit einer Tätigkeit zu begnügen, hätte ich als Verschwendung meiner kostbaren Zeit empfunden. Einen Spielfilm ansehen und mit dem Tablet auf dem Schoß gleichzeitig ein paar liegen gebliebene Mails beantworten? Gar kein Problem. Ich glaubte, schlau genug zu sein, um mit meinen Gehirnkapazitäten beides hinzubekommen.

Dass ich mich für so schlau hielt, zeigte aber letztlich nur meine Dummheit. Denn Multitasking, diese angebliche Fähigkeit, problemlos zwei Dinge gleichzeitig zu erledigen, ist ein Mythos. Wir denken zwar, dass wir sie gleichzeitig tun, in Wirklichkeit springt unser Gehirn aber alle paar Millisekunden zwischen den Tätigkeiten hin und her. Spielfilm, E-Mail, Spielfilm, E-Mail, Spielfilm. Wir merken das nicht und haben am Ende das Gefühl, uns beiden Dingen voll und ganz gewidmet zu haben. Doch das stimmt nicht. Wir haben am Ende beiden Dingen nur einen Teil unserer Aufmerksamkeit geschenkt, tausendfach in Minihäppchen zerteilt. Das gilt zumindest für 98 Prozent aller Menschen. Ein kleiner Teil von etwa zwei Prozent zählt laut Forschern wie David Strayer von der Universität von Utah zu den sogenannten »Supertaskern«.[50] Diese Menschen können auch nicht wirklich parallel zwei Dinge tun, aber bei Ihnen wirkt sich das permanente blitzschnelle Hin- und Herspringen nicht so negativ auf die Gehirnleistung aus wie bei uns Normalsterblichen[51]. Bei Routinetätigkeiten wie dem Ausräumen der Spülmaschine mag es nicht so schlimm sein, wenn wir sie nicht mit unserer vollen geistigen Kapazität durchführen. Doch selbst dabei machen wir instinktiv eine Pause, wenn das Telefonat komplizierter oder emotionaler wird und mehr Aufmerksamkeit erfordert als eine reine Plauderei.

Ich hatte schon öfter gelesen, dass echtes Multitasking ein Mythos ist und dass nur eine winzige Gruppe von Menschen das schnelle Wechseln zwischen unterschiedlichen Tätigkeiten ohne große Verluste hinbekommt. Aber richtig glauben konnte ich es erst, als mir unsere Küchenmaschine beinahe um die Ohren flog: Ich hatte beim Kochen wie so oft einen Podcast laufen, dem ich mit einem Ohr zuhörte. Verschiedene Kräuter und andere Zutaten für eine Soße befanden sich schon im Mixkrug der Küchenmaschine, nun sollte auch noch Honig dazu. Da dieser zäh am Löffel klebte, stellte ich den Löffel in den Mixer. Sollte der Honig doch so langsam runterlaufen wie er wollte, ich beschloss, inzwischen den Knoblauch zu schneiden, den Ofen vorzuheizen und nachzuschauen, wie es im Rezept weiterging. Kein schlechter Plan, solange man daran denkt, den Löffel wieder aus dem Mixer zu nehmen. Das vergaß ich jedoch vor lauter Multitasking und Podcasthören. Knoblauch rein, Deckel drauf, Mixer an. Ein lautes Knallen, Krachen und dann Knirschen waren zu hören. Der Mixer hatte den Metalllöffel zwar nicht kleinbekommen, aber damit die innere der beiden Plastikwände des Krugs zersplittert, bevor sich der Löffel so verkantete, dass das Getriebe des Mixers blockierte und knirschend den Geist aufgab. Seit diesem nicht ganz preiswerten Erlebnis höre ich zur akustischen Untermalung in der Küche wieder Musik – weniger ablenkend!

Wenn Ablenkung tödlich wird

Der schrottreife Mixer mag lästig bis lustig gewesen sein. Wie tödlich unsere Fehleinschätzung in Sachen Multitasking jedoch auch sein kann, zeigen Unfallstatistiken. Ablenkungen durch Smartphones spielen dabei eine immer größere Rolle.

Bei einer der größten Studien zu diesem Thema statteten Forscher der Virginia-Tech-Universität 3500 Autocockpits für drei Jahre mit Kameras aus[52]. Über 900 Unfälle konnte das Team um Jonathan Hankey dadurch analysieren. Bei rund der Hälfte der Unfälle war der Fahrer oder die Fahrerin kurz vor dem Crash abgelenkt, die Ablenkung durch Mitfahrer erwies sich dabei als vergleichsweise ungefährlich. »Aktivitäten, die den Fahrer dazu zwingen, die Augen von der Straße zu nehmen, erhöhen das Risiko am meisten«, stellten die Forscher fest. Ihren Auswertungen zufolge ist die Smartphone-Nutzung der einzige Faktor, bei dem die insgesamt sinkenden Autounfallraten steigen. Vier Millionen der rund elf Millionen Autounfälle pro Jahr könnten in den USA ihrer Einschätzung nach vermieden werden, wenn Ablenkungen wie das Smartphone am Steuer vermieden würden.

Ein anderes Beispiel dafür, wie wichtig Konzentration ist und was für einen großen Unterschied es machen kann, wenn wir Ablenkung eliminieren, stammt aus dem Gesundheitswesen. Es mag Außenstehenden schwerfallen zu glauben, aber ein großes Problem in Krankenhäusern sind falsch verabreichte Medikamente. Jedes Jahr sterben weltweit Tausende von Patientinnen und Patienten, weil ihnen im Krankenhaus irrtümlich ein falsches Medikament oder eine fehlerhafte Dosierung verabreicht wird. Nicht falsch verschrieben wohlgemerkt, sondern falsch ausgegeben. Allein in den USA werden jährlich 400 000 Fälle von fehlerhafter Medikamentengabe und ein Schaden von jährlich 3,5 Milliarden Dollar geschätzt.[53]

Eine einfache, aber wirkungsvolle Lösung für dieses Problem kam schließlich von Becky Richards, selbst ausgebildete Krankenschwester. Sie hatte 2006 die Aufgabe erhalten, in ihrem Krankenhaus, dem Kaiser Permanente Medical Center in San Francisco, die Fehlerquote bei der Medikamentenausgabe zu senken. Ihr Vorschlag: Krankenschwestern und -pfleger sollten eine orangefarbene Warnweste tragen, wenn sie die Medikamente für die tägliche Vergabe vorbereiteten. Diese Weste sollte signalisieren, dass niemand die betreffende Person stören durfte. Denn bislang war es häufig zu fünf bis zehn Unterbrechungen während der Medikamentenbereitstellung gekommen. Beim Personal kam die Idee zunächst gar nicht gut an. Schwestern und Pfleger fanden die Westen peinlich und beschwerten sich, dass man darunter zu schnell ins Schwitzen käme. »Wir dachten darüber nach, die ganze Idee wieder fallen zu lassen, weil das Pflegepersonal sich nicht damit anfreunden konnten«, erzählte Richards später in einem Interview.

Doch zwei Stationen willigten schließlich ein, einen Testlauf durchzuführen – eine für vier, eine für fünf Monate. Als die Krankenhausverwaltung nach diesem Zeitraum eine Auswertung vornahm, übertraf das Ergebnis die kühnsten Erwartungen: Auf den beiden Stationen zusammen hatten die Fehler bei der Medikamentenvergabe um 47 Prozent abgenommen – und das allein durch den Einsatz der Westen und eine Schulung dazu, was sie bedeuteten.[54]

Nach und nach wurde die Methode auf andere Krankenhäuser in der Region ausgedehnt, und die Maßnahmen wurden noch weiter optimiert. Die Westen bekamen die Aufschrift »Nicht stören« und wurden nach Vorgaben des Pflegepersonals verbessert. In manchen Krankenhäusern wurden die Fenster zwischen Flur und Vergaberäumen abgeklebt – dadurch konnten die Schwestern oder Pfleger nicht von außen gesehen und abgelenkt werden. Manche Stationen brachten Markierungen auf dem Boden an, so dass die Medikamente in einer ausgewiesenen »Ruhezone« vorbereitet werden konnten. Nach einer weiteren dreijährigen Testphase in mehreren Krankenhäusern in Kalifornien zeigte sich, dass die verschiedenen konzentrationsfördernden Maßnahmen insgesamt zu einer um 87,7 Prozent gesunkenen Fehlerquote geführt hatten.[55]

In der Luftfahrt war schon länger bekannt, wie unerlässlich Konzentration für die Sicherheit ist. Nachdem abgelenkte Piloten Unfälle und Abstürze verursacht hatten, wurde in den 1980er-Jahren eine neue Regel eingeführt: Bei Start und Landung sowie einer Flughöhe von unter 10 000 Fuß darf es im Cockpit keinerlei Ablenkung mehr geben. Den Piloten ist nur noch erlaubt, über Dinge zu sprechen, die den Flug betreffen. Sie dürfen sich keinen anderen Tätigkeiten mehr widmen als der Steuerung des Flugzeugs, und die Flugbegleiter dürfen die Piloten in diesen Phasen nicht ansprechen. »Für Piloten gilt alles unter 10 000 Fuß als kritische Phase«, sagte eine der Verantwortlichen des kalifornischen Krankenhaus-Experiments. »Bei uns Krankenschwestern ist es die Medikamentenvergabe.«

Zugegeben, bei den allermeisten Menschen steht eher nur ein kaputter Mixer auf dem Spiel, wenn sie sich nicht gut konzentrieren können, und somit deutlich weniger als bei Pilotinnen und Krankenpflegern. Doch die Beispiele zeigen, was für ein fragiles und gleichzeitig kostbares Gut unsere Konzentration ist. Selbst gut ausgebildete Fachkräfte haben erkannt, dass sie diese schützen müssen, so gut es irgendwie geht.

Die innere Ablenkung

Doch Ablenkungen von außen sind nur ein Teil des Problems. Wir greifen schließlich auch oft zu unserem Smartphone, ohne dass dieses durch eine eingehende Nachricht unsere Aufmerksamkeit auf sich gezogen hätte. Manchmal scheint die Ablenkung also auch von innen, aus uns selbst zu kommen. In ihrem Buch »Das überforderte Gehirn« beschreiben der Neurowissenschaftler Adam Gazzaley und der Psychologe Larry Rosen, wie Konzentration funktioniert und dass diese von außen wie von innen gestört werden kann. Unser Hirn muss permanent zwei Aufgaben erledigen: Zum einen entscheiden, worauf es sich konzentrieren will, zum anderen alles andere ignorieren und ausblenden. Das kann je nach Menge der Sinneseindrücke, die auf uns einprasseln, auf Dauer sehr anstrengend sein.

Ein eindrucksvolles Beispiel für die Konzentrationsfähigkeit des menschlichen Gehirns ist der sogenannte Cocktailparty-Effekt. Sie haben es wahrscheinlich auch schon erlebt, dass Sie bei einer Party oder in einem voll besetzten Café trotz einer Vielzahl von Gesprächen und anderen Geräuschquellen dem Gespräch mit Ihrem Gegenüber folgen konnten. Auf einer Tonaufnahme des Raums wäre nur ein undeutliches Stimmengewirr mit vielen Gesprächen, Geklapper und Geklingel zu hören. Wenn beide Ihrer Ohren funktionieren, können Sie jedoch vor Ort durch selektives Hören die anderen Gespräche auf bis zu ein Drittel der wahrgenommenen Lautstärke reduzieren. Das Faszinierende ist, dass diese anderen Gespräche nicht etwa einfach geblockt werden. Denn wenn am Tisch nebenan Ihr Name fällt, hören Sie es in den allermeisten Fällen doch. Wie durch Magie merken Sie plötzlich auf. Das bedeutet letztlich nichts anderes, als dass unser Gehirn auch die Konversationen in Hörweite, die wir wegen unseres eigenen Gesprächs nicht bewusst wahrnehmen, zumindest auf gewisse Signalwörter scannt. Zu diesen gehören neben dem eigenen Namen noch einige andere. »Das Wort ›Sex‹ kann manche Leute mitten im Satz stoppen, wenn sie es in einem anderen Gespräch hören«, sagt der Psychologe John Culling, der sich an der Universität von Cardiff mit binauralem Hören und dem Cocktailparty-Effekt beschäftigt. »Das zeigt, dass wir permanent Informationen verarbeiten, von denen wir die meiste Zeit gar nichts mitbekommen.«[56]

Wenn Konzentration funktioniert, ist sie also ein unglaublich mächtiges und leistungsfähiges Werkzeug. Doch warum fällt es uns, selbst wenn wir alle Lärmquellen und sonstigen Störfaktoren ausgeschaltet haben, oft so schwer, uns zu konzentrieren? Wir haben das Fenster geschlossen, das Telefon ausgeschaltet, uns vielleicht sogar Ohrstöpsel in die Gehörgänge gedrückt. Wir waren extra noch mal auf der Toilette, um auch wirklich jeden ablenkenden Reiz auszuschließen. Und trotzdem schweifen unsere Gedanken ab, statt sich auf den vor uns liegenden Text, die Steuererklärung oder die Mathehausaufgaben zu konzentrieren. Woher genau kommt diese Ablenkung von innen?

Von Hörnchen und Menschen

Adam Gazzaley und Larry Rosen vergleichen unsere Art der Informationsaufnahme mit einem Eichhörnchen, das Nüsse sammelt. Das ist nicht nur ein sehr niedlicher Vergleich, sondern auch ein zutreffender. Denn selbst wenn der Zusammenhang mit Mathehausaufgaben oder Steuererklärung auf den ersten Blick nicht erkennbar ist: Informationen sind für uns Menschen überlebensnotwendig. Wo droht Gefahr, wo ist man sicher? Was kann man essen, was ist giftig? Wie macht man Feuer, wie baut man ein Haus? Über mehr und bessere Informationen zu verfügen bedeutete in der gesamten Menschheitsgeschichte stets einen Vorteil. So wie ein Eichhörnchen also Nüsse sucht, sind wir Menschen darauf aus, Informationen zu sammeln.

Je länger das Eichhörnchen jedoch in oder unter einem bestimmten Baum Nüsse sammelt, desto seltener findet es noch welche. Wenn es also zu lange dauert, bis es eine neue Nuss entdeckt, ist es für das Hörnchen sinnvoller, zu einem anderen Baum zu wechseln und dort weiterzusammeln. Das Gleiche gilt für viele andere Tiere, die beispielsweise weiterziehen, wenn sie eine bestimmte Fläche abgegrast haben.

Und wir Menschen? Nun, wir wechseln statt der Bäume die Informationsquellen. Wenn wir bei den Mathehausaufgaben in unserem Beispiel für einen Moment nicht weiterkommen, schauen wir einfach schnell in unsere E-Mails. Drei der vier neuen Nachrichten sind Spam oder langweilige Newsletter. Aber die vierte ist relevant. Nachdem wir diese gelesen und vielleicht beantwortet haben, schauen wir bei Facebook nach, was es Neues gibt. Ein paar Posts sind interessant, dann kommen ein paar nichtssagende. Wenn es zu viele langweilige sind, springen wir zur nächsten Informationsquelle. Und irgendwann zwingt uns unser schlechtes Gewissen vielleicht auch wieder zurück zu den Mathehausaufgaben.

Angst, Langeweile, Fortschritt

In ihrem Buch arbeiten Gazzaley und Rosen drei Faktoren heraus, die dazu führen, dass wir häufiger zu einem neuen Nussbaum hüpfen ... Entschuldigung, häufiger von einer Informationsquelle zur nächsten springen, als nötig oder gut für uns wäre. Es geht um **Angst, Langeweile** und den **technologischen Fortschritt.**

Mit **Angst** meinen die beiden Forscher vor allem die Angst, etwas zu verpassen. FOMO, also Fear of Missing Out, ist zu einem augenzwinkernden Trendbegriff geworden. Doch die Angst ist real. Vor allem Menschen, die ihr Smartphone intensiv nutzen, zeigen Studien zufolge bereits Nervosität und Angstzustände, wenn sie für kurze Zeit keinen Zugriff auf ihr Gerät haben. Eine Umfrage des britischen Start-ups Tappable unter 18- bis 34-Jährigen ergab, dass jeder Zehnte von ihnen lieber einen Finger opfern würde, als sein Smartphone aufzugeben. Fast ein Viertel würde eher auf einen seiner fünf Sinne verzichten als auf sein Smartphone. Der Geruchssinn wurde in dieser nicht repräsentativen, aber dennoch erschreckenden Studie am häufigsten für entbehrlich gehalten.[57]

Neben der Angst, etwas zu verpassen, ist **Langeweile** der zweite große Faktor, der dazu führt, dass wir uns selbst ablenken. Ein Forschungsteam um Leo Yeykelis an der Universität Stanford untersuchte, wie oft eine Gruppe von Studierenden während der Computernutzung zwischen verschiedenen Tätigkeiten hin und her sprang. Ihr Ergebnis: durchschnittlich alle 65 Sekunden. Die Hälfte aller Wechsel fand dabei bereits in den ersten 19 Sekunden statt. Yeykelis und sein Team maßen außerdem die emotionale Erregung der Probanden. Dabei zeigte sich, dass jedem Wechsel ein Anstieg dieses Erregungswertes vorausging. Besonders ausgeprägt waren die Sprünge vor einem Wechsel von einer Tätigkeit mit Arbeitsbezug (Textverarbeitung, Recherche) zu einer Tätigkeit mit Freizeitwert (Videos, Spiele, Facebook). Die Forscher beschrieben das in ihrem Aufsatz als ein »Jagdfieber«, das die Studenten erfasst habe, eine Jagd nach mehr und aufregenderem Input.[58] Und wenn es um schnelle Informationen und intensive Reize geht, siegt ein Streifzug durch Youtube, Facebook oder eine Partie des Lieblingsspiels natürlich fast immer gegen die langsame, konzentrierte Arbeit.

Das ist jedoch problematisch. Denn je öfter wir der Langeweile nachgeben und von einer reizarmen Tätigkeit wie dem Lesen eines Buches zu einer aufregenderen wie dem neuen Cardi-B-Video oder einer Partie Gardenscapes springen, desto schneller werden wir beim nächsten Mal das Gefühl der Langeweile verspüren. Und desto stärker wird unser Gehirn nach stimulierenderen Inputs verlangen und nicht aufhören zu quengeln, bis wir sie ihm geben. Die gute Nachricht: Dadurch, dass unser Gehirn bis ins hohe Alter flexibel und modellierbar bleibt, ist dieses Phänomen auch umkehrbar. Das heißt, wir können Konzentration trainieren und sie uns wieder angewöhnen – zum Beispiel, indem wir seltener dem Impuls nachgeben, beim leisesten Anflug von Langeweile die digitale Konfettikanone in Form unseres Smartphones herauszuholen

Der dritte Faktor, dem sich Gazzaley und Rosen annehmen, ist der **technologische Fortschritt.** Denn wie schnell ein Eichhörnchen zu einem neuen Baum wechselt, hängt auch davon ab, wie weit dieser entfernt ist. Wenn es ein weiter und mühsamer Weg dorthin ist, kann es sich durchaus lohnen, den derzeitigen Baum noch ein wenig intensiver abzusuchen. Wenn jedoch nur ein beherzter Hörnchensprung nötig ist, fällt die Entscheidung zum Wechsel deutlich leichter und früher. Das Gleiche gilt für uns Menschen. Auch wenn uns der Zeitungsartikel über die Brexit-Verhandlungen vielleicht nicht gerade in Ekstase versetzt: Müssten wir wie früher in eine Videothek fahren, um uns

Ablenkung in Form eines Actionfilms zu verschaffen, wir würden vermutlich schon aus Bequemlichkeit erst mal bei der Zeitung bleiben. Lesen wir den Artikel allerdings auf unserem Smartphone, sind wir nur zwei Wischer von tausend Arten kurzweiligen Halligallis entfernt. Das macht es weitaus schwieriger, geduldig auf dem Zeitungsbaum zu verharren und auch noch die letzten Nüsschen aus dem Leitartikel rauszuholen – wenn Sie wissen, was ich meine. (Und nun gebe ich Ruhe mit den Eichhörnchen-Vergleichen, versprochen.)

Unsere lukrativen Daten

Es ist inzwischen über zwölf Jahre her, dass ich den Facebook-Gründer Mark Zuckerberg in München zum Interview traf. Wir schüttelten uns in einem Hotel-Konferenzraum die Hand, der damals 24-Jährige trug entgegen der Berichte aus jener Zeit ausnahmsweise weder Badelatschen noch Kapuzenpulli. Wenn ich das Interview, das ich damals für die Süddeutsche Zeitung führte, heute lese, finde ich es streckenweise rührend naiv. Facebook war zu der Zeit noch eine vergleichsweise kleine Nummer: Das Unternehmen hatte gerade die Grenze von 100 Millionen Nutzern geknackt – inzwischen geht es stramm auf die drei Milliarden zu. Und dabei sind WhatsApp und Instagram, die Zuckerberg 2012 und 2014 aufgekauft hat, noch nicht mal eingerechnet. Wie lange das Interview her ist, merkt man auch daran, dass ich ihn nach Konkurrenten wie MySpace oder StudiVZ fragte – soziale Netzwerke, die längst in der Bedeutungslosigkeit verschwunden sind. Heute ist Facebook das weltweit größte soziale Netzwerk[59]. Darüber hinaus ist Zuckerbergs Imperium hinter Google das zweitgrößte Werbenetzwerk im Internet. In Deutschland kommen die beiden zusammen auf einen Marktanteil von rund 75 Prozent. Von jedem Euro, der für Onlinewerbung ausgegeben wird, landen also 75 Cent bei Facebook und Google.[60] Dabei sollte man nicht vergessen, dass zu Google neben der bekannten Suchmaschine ja auch noch Youtube, der Kartendienst Google Maps, der E-Mail-Dienst GMail und viele andere Dienste gehören. Zu Facebook gehören neben Instagram und WhatsApp auch noch der Facebook Messenger sowie die Bilderdatenbank Giphy und das Virtual-Reality-Unternehmen Oculus VR.

Die großen Plattformen wissen (fast) alles

Der Grund, warum sich die beiden ein so großes Stück vom Werbekuchen auf ihre Teller schaufeln dürfen, ist ihr gigantischer Datenschatz. Niemand weiß so viel über uns Konsumentinnen und Konsumenten wie diese beiden Netzwerke. Google weiß, wonach wir suchen, wofür wir uns interessieren, womit wir uns beschäftigen, was uns Sorgen macht. Wem wir zu welcher Uhrzeit schreiben, von welcher Bar wir nachts den Weg nach Hause suchen oder an welchen Krankheiten wir leiden oder zu leiden glauben.

Facebook wiederum weiß, wer unsere Freunde und was unsere Interessen sind. Das Netzwerk kennt unsere Lieblingsvereine, Lieblingsmusiker, Lieblingsfilme. Michael Kosinski von der Universität Cambridge und sein Team fanden heraus, wie viel sich allein von unseren Likes, die wir auf Facebook verteilen, über uns ablesen lässt. 58 466 Probanden ließen die Forscher in ihre Facebook-Profile schauen und gaben damit mehr über sich preis, als sie gedacht hätten. Nur anhand der Likes – also ohne Fotos oder sonstige Daten zu kennen – konnten die Forscherinnen und Forscher mithilfe ihrer Software mit 93-prozentiger Sicherheit feststellen, ob das Profil einem Mann oder einer Frau gehört. Zu 88 Prozent vermochten sie korrekt zu sagen, ob ein männlicher Nutzer homosexuell war oder nicht (bei Frauen lag die Treffsicherheit mit 75 Prozent etwas niedriger). Sogar ob jemand Raucherin oder Raucher war, konnte die Software mit 73 Prozent Sicherheit bestimmen. Beim Alkoholkonsum lag die Trefferquote bei 70 Prozent, bei Drogenkonsum immerhin noch bei 65 Prozent.[61] »Die Studie zeigt, wie wenige Daten von einem Menschen ausreichen, um automatisch und präzise eine Vielzahl persönlicher Informationen abzuschätzen«, schreiben die Forscher im Fachblatt »Proceedings of the National Academy of Sciences«.[62]

Der ehemalige Twitter-Manager und mehrfache Start-up-Gründer Jeff Seibert formuliert es so: »Alles, was wir online tun, wird erfasst und genauestens überwacht.«[63] Wie riesig die Menge an Daten ist, die wir meist ganz nebenbei und unbewusst erzeugen, wird erst so richtig klar, wenn sich Menschen bei den Internetfirmen melden und Auskunft darüber verlangen, was alles über sie gespeichert ist.

Einer der bekanntesten Fälle ist der Österreicher Max Schrems. Der damals 27-jährige Jurastudent wollte bereits 2011 von Facebook wissen, welche Daten die Plattform über ihn vorrätig hielt. Nach einigem Hin und Her schickte ihm Facebook schließlich 1222 Seiten mit seinen Logins, geposteten Bildern und Beiträgen, angenommenen und abgelehnten Freundschaftsanfragen, längst gelöschten Privatnachrichten und vieles mehr.[64]

Katharina Nocun, eine deutsche Journalistin und Datenschutzaktivistin, bekam von Amazon nach einer ähnlichen Anfrage eine Tabelle mit 15 365 Zeilen. Jeder einzelne Klick war dabei in einer solchen Zeile erfasst und mit jeweils 50 zusätzlichen Angaben versehen – von der Uhrzeit und dem Aufenthaltsort über die zuvor und danach aufgerufene Webseite bis zum Internetanbieter und der Geschwindigkeit der jeweiligen Verbindung.[65]

Die französische Journalistin Judith Duportail wiederum bat die Flirt-App Tinder um Datenauskunft und bekam rund 800 Seiten »voll mit meinen tiefsten und dunkelsten Geheimnissen«, wie sie selbst in einem Artikel schrieb.[66] Immerhin ist die Dating-Plattform ehrlich, was die Sicherheit solcher intimer Daten betrifft. Ein Auszug aus den Tinder-Geschäftsbedingungen lautet: »Wir können nicht versprechen, und Sie sollten auch nicht erwarten, dass Ihre persönlichen Daten, Chats oder andere Kommunikationen stets sicher bleiben.«[67]

Wir haben kein Gefühl für Daten

Solche Fälle lösen meist eine kurze Welle der Empörung bei den Nutzerinnen und Nutzern aus. Doch schon bald geht in den meisten Fällen alles weiter wie vorher. Wir liken, swipen, taggen, klicken, als wäre nie etwas gewesen. Eine Erklärung dafür ist, dass Daten für uns Menschen im wahrsten Sinne des Wortes nicht zu begreifen sind. Nutzer »werden dazu verleitet, all diese Informationen preiszugeben«, erklärt Luke Stark, Soziologe für digitale Technologien an der Universität Dartmouth im Interview. »Apps wie Tinder machen sich ein einfaches emotionales Phänomen zunutze; wir Menschen können Daten nicht fühlen. Deshalb fallen wir aus allen Wolken, wenn wir diese Datenmenge ausgedruckt sehen. Wir sind physische Geschöpfe. Wir tun uns mit greifbaren Dingen leichter.«[68]

Doch selbst wenn wir sehr zurückhaltend sind und keine Likes vergeben, die Rubrik mit dem Lieblingsessen unausgefüllt lassen und auch sonst so wenig von uns preisgeben wie möglich: Die Onlinekonzerne sammeln trotzdem Daten über uns. Ein Freund von mir, der als Psychotherapeut eine Praxis betreibt, fragte mich vor einiger Zeit, wie es sein könne, dass ihm bei Facebook immer wieder Patienten als mögliche Freunde vorgeschlagen würden. Normalerweise sind es zum Beispiel gemeinsame Freunde, derselbe Arbeitgeber oder andere plausible Überschneidungen, die dazu führen, dass Menschen in der Rubrik »Personen, die du vielleicht kennst« auftauchen. Bei seinen Patienten gab es jedoch keine solchen gemeinsamen Faktoren – außer dem vertraulichen Patientenverhältnis, von dem Facebook eigentlich nichts wissen konnte. Noch unangenehmer empfand mein Freund den umgekehrten Fall. »Wenn ich denen vorgeschlagen werde, denken sie am Ende noch, ich hätte ihnen auf Facebook hinterherspioniert«, sagte er. »Auch wenn die Plattform zwei meiner Patienten einander als Freunde vorschlagen würde, fände ich das extrem verunsichernd.« Der Grund, wie es überhaupt zu dem Vorschlag kommen konnte, ist relativ einfach: Facebook verwendet – wie viele andere Apps und Onlinedienste auch – unsere Standortdaten, um mehr über uns zu erfahren. Und wenn sich zwei Menschen regelmäßig am selben Ort aufhalten, kann das ja durchaus ein Indikator sein, dass sie sich kennen. Den beiden deshalb vorzuschlagen, Facebook-Freunde zu werden, ist deshalb aber noch lange nicht angemessen. Aber das sieht das Unternehmen offensichtlich anders.

Das Phänomen geht sogar noch über die reine Ortung hinaus. Moderne Smartphones verfügen neben einem GPS-Sensor zur Standortbestimmung auch über ein sogenanntes Gyroskop und einen Beschleunigungssensor. Damit kann das Gerät messen, wie es gehalten oder ob es geschwenkt wird. Facebook hat sich nun eine Technologie patentieren lassen, die mittels dieser Sensoren erfassen kann, ob die Besitzer von zwei Smartphones längere Zeit nebeneinander hergehen, ob sie sich in einer Kneipe gegenübersitzen oder an zwei nebeneinanderstehenden Tischen Platz genommen haben.[69] Das Unternehmen sagt zwar, man würde diese Technologie nicht einsetzen. Aber wie wenig man Facebook trauen kann, zeigte sich bei dem Kauf von WhatsApp im Jahr 2014. Die europäischen Kartellbehörden waren damals gegen eine Vereinigung des riesigen und mächtigen sozialen Netzwerks Facebook mit dem fast ebenso riesigen und mächtigen Messengerdienst WhatsApp. Facebook versprach hoch und heilig, die Nutzerdaten der beiden Dienste nicht zu verschmelzen. Und tat genau das, kurz nachdem der Kauf von den Wettbewerbshütern genehmigt worden war[70].

Identifizierbar durch Kratzer auf der Kameralinse

Ein anderer Trick, mit dem Facebook heimlich herausfinden will, ob Menschen einander kennen, hat mit unseren Smartphone-Kameras zu tun. Nicht nur, dass sie in den meisten Fällen automatisch speichern, wann und wo ein Foto aufgenommen worden ist – sie haben oft auch kleine Kratzer auf der Linse. Schließlich werden sie mehr beansprucht als die Spiegelreflexkamera einer Profifotografin. Facebook hat deshalb eine Technologie patentieren lassen, die erkennt, wenn unterschiedliche Nutzer Fotos mit denselben Linsenkratzern posten.[71] Die Idee dahinter: Die Fotos müssen dann mit demselben Smartphone geschossen worden sein – und nur Menschen, die sich kennen, schicken einander ihre Fotos.[72] Auch hier gab ein Unternehmenssprecher auf Nachfrage von US-Journalisten an, solche Patente sagten nichts darüber aus, ob die patentierte Technologie auch wirklich angewendet würde.[73]

Vielleicht kommt die Kratzererkennung bei Facebook tatsächlich niemals zum Einsatz. Dennoch werden wir alle permanent von den Digitalkonzernen ausgespäht, vermessen und überwacht. Dem vollständig zu entgehen wäre schwierig und in vielen Fällen leider auch ein schlechter Tausch. Wer von Google Maps in einer fremden Stadt bequem ans Ziel gelotst werden will, muss dafür seinen Standort preisgeben. Andernfalls funktioniert der Dienst nicht. Je weniger wir aber insgesamt unser Smartphone nutzen, desto weniger Daten überlassen wir Firmen wie Facebook, Google oder Amazon. Und desto weniger müssen wir uns Sorgen machen, was andere über uns wissen.

Denn eins ist klar: Es geht nicht darum, ob wir etwas zu verbergen haben oder nicht. Eric Schmidt, damals Google-Chef, sagte 2009 in einem Interview: »Wenn Sie möchten, dass jemand etwas nicht [über Sie] erfährt, sollten Sie es vielleicht gar nicht erst tun.«[74] Dieser Satz ist unverschämt und falsch. Denn es gibt Hunderte von Dingen, die vollkommen legal sind und nicht das kleinste Naserümpfen rechtfertigen – und von denen wir trotzdem nicht möchten, dass jemand sie erfährt. Und das ist unser gutes Recht.

Brettspieltipps vom Facebook-Chef

Ich weiß nicht, ob ich noch einmal die Gelegenheit haben werde, Mark Zuckerberg zu interviewen und ihn zu seinen Ansichten zum Thema Datenschutz und Privatsphäre zu befragen. Er ist jetzt deutlich bekannter, reicher und bedeutsamer, als er es bei unserer Begegnung 2008 in München war. Dass er ein ehrgeiziger und gleichzeitig sehr strategisch denkender Mensch ist, merkte ich jedoch schon bei unserem damaligen Gespräch. Ich hatte gehört, dass er gern das Brettspiel »Risiko« spielt. Also fragte ich ihn am Ende unserer Unterhaltung nach seiner Strategie. »Das hängt von der Anzahl der Spieler ab«, antwortete er, ohne lange nachzudenken. »Bei zwei oder drei Spielern versuchen Sie unbedingt zuerst Nordamerika zu erobern! Bei mehr als drei: Australien. Und Asien immer zum Schluss – das kann man nie halten.«[75]

»Solange du dein Smartphone an meiner Steckdose auflädst ...«

Die Häufigkeit und Dauer der Smartphone- und Internet-Nutzung ist auch zwischen Kindern oder Jugendlichen und ihren Eltern ein ständiges Konfliktthema. 2011 hatten nur 14 Prozent aller 12- bis 13-Jährigen ein eigenes Smartphone. Heute sind es bereits 92 Prozent. Mit 16 oder 17 besitzt inzwischen so gut wie jeder Teenager eins (98 Prozent). Vor zehn Jahren lag der Anteil in dieser Altersgruppe noch bei 28 Prozent.

Die Härtefälle kommen per Streifenwagen

In fast allen Familien kommt es deshalb zu Auseinandersetzungen über den richtigen Umgang mit den digitalen Medien. Wie lange dürfen die Kinder welches Gerät nutzen? Was dürfen sie spielen, anschauen, posten? Ab welchem Alter dürfen sie welche sozialen Netzwerke frequentieren? Im Idealfall werden diese Regeln gemeinsam erarbeitet, festgelegt, erprobt und gegebenenfalls angepasst. Andernfalls können die Meinungsverschiedenheiten darüber, was ein gesunder Umgang mit dem Smartphone, Tablet oder PC ist, für einen tiefen Graben und für regelmäßige Streits innerhalb der Familie sorgen. In den allerschlimmsten Fällen hilft am Ende nur noch die Polizei. »Dann wissen sich die Eltern nicht mehr anders zu helfen, als einen Streifenwagen zu rufen, der das Kind vom Computer wegholt«, sagt Eva Möhler, Fachärztin für Kinder- und Jugendpsychiatrie, Psychosomatik und Psychotherapie. »Das sind Extremfälle, in denen seit zwei Jahren kein Schulbesuch mehr stattgefunden hat, die Eltern teilweise den Urin in Flaschen aus dem Kinderzimmer abholen und ein richterlicher Beschluss vorliegt, dass das Kind zu uns gebracht werden soll.« Zu uns – das heißt in diesem Fall in die SHG-Kliniken Sonnenberg sowie das Uniklinikum Saarland, in denen Möhler als Chefärztin beziehungsweise Direktorin tätig ist und junge Patienten betreut, die eine pathologische Mediennutzung aufweisen.

Als ich sie anrief, um mit ihr über das Thema Internetsucht bei Kindern und Jugendlichen zu sprechen, musste Möhler für das Telefonat das Gebäude verlassen und ging im Garten spazieren. »Auf der Station haben wir keinen Handyempfang. Das war gar nicht geplant, sondern liegt am alten Mauerwerk – kommt unserem Ziel aber sehr entgegen«, sagt sie. Eva Möhler ist der Ansicht, dass auch bei Kindern und Jugendlichen, die in ihre Klinik gebracht werden, obwohl sie nicht zu den Härtefällen zählen, gelegentliche Digitalpausen von Vorteil sind. »Diese haben eindeutig einen großen Erholungseffekt, auch für gesunde Jugendliche und Erwachsene«, sagt sie. »Die Dopamin-Balance, also das Belohnungssystem unseres Gehirns, gerät durch übermäßige digitale Aktivitäten leicht aus dem Gleichgewicht. Das zum Beispiel einmal pro Woche durch einen bildschirmfreien Tag wieder ein Stück weit zu resetten kann sehr wohltuend sein.«

Angst um eine »verlorene Generation«

In den letzten Jahren sind zahlreiche Studien erschienen, die zeigen, dass Kinder und Jugendliche desto mehr zu Depressionen und sogar Selbstmord neigen, je mehr Zeit sie vor Bildschirmen verbringen und je weniger sie sich dem Sport oder realen Begegnungen mit ihren Freunden widmen. Die US-Psychologin Jean Twenge spricht in diesem Zusammenhang von einer »verlorenen Generation«, die durch die ständige Smartphone-Nutzung ängstlich und unselbstständig werde und »am Rande der schlimmsten psychischen Gesundheitskrise« stehe, »die wir seit Jahrzehnten gesehen haben«.[76]

Es gibt jedoch auch Gegenstimmen. Statt automatisch anzunehmen, dass mehr Smartphone-Nutzung zu mehr Depressionen führe, müsse man auch in Erwägung ziehen, dass es genau andersherum sein könne: dass also Jugendliche mit Neigung zur Depression besonders empfänglich auf die Verlockung von Smartphones und sozialen Netzwerken reagieren. Auch die Messung von Bildschirmzeit, die oft verwendet werde, sei zu ungenau. Sie werfe von

Hausaufgaben am Computer über Spiele bis zu Social-Media-Nutzung alles in einen Topf. Zudem würden oft die positiven Aspekte der Internetnutzung vernachlässigt: Freundschaften pflege man heutzutage nun einmal digital, und Eltern, die früher stundenlang mit ihren Freundinnen oder Freunden am Telefon hingen, sollten akzeptieren, dass dasselbe heute per Chat oder in Spielen passiere.

Ich glaube, die Wahrheit liegt wie so oft in der Mitte: Auch wenn gewisse Altersgrenzen (zum Beispiel für ein eigenes Smartphone oder eigene Social-Media-Konten) durchaus sinnvoll sein können, ist ein komplettes Digitalverbot keine gute Idee. Das bedeutet aber nicht, dass Regeln sinnlos sind. Viele Dinge, die in der 30-Tage-Challenge vorkommen, sollten für Kinder wie für Erwachsene gelten. Beispielsweise, dass die letzte Stunde vor dem Schlafengehen und die erste nach dem Aufwachen nicht mit dem Smartphone in der Hand verbracht werden sollten – und deshalb auch das nächtliche Kinderzimmer eine handyfreie Zone zu sein hat. Tricks wie ausgeschaltete Benachrichtigungen oder der Schwarz-Weiß-Modus können Kindern und Jugendlichen genauso helfen, weniger oft zu dem Gerät zu greifen, wie den Erwachsenen.

Echtes Interesse statt festes Zeitbudget

Das wahrscheinlich häufigste Streitthema zwischen Eltern und Kindern ist die digitale Mediennutzungszeit. Die schlechte Nachricht: Es gibt keine feste Zeit, die »die richtige« wäre. Keine Tabelle, in der man ablesen kann, wie viele Minuten pro Tag für eine 12-Jährige oder für einen 14-Jährigen ein sinnvolles Zeitbudget sind. Nicht nur sind die Kinder selbst viel zu unterschiedlich für solche verbindlichen Angaben, es macht auch einen Unterschied, ob ein 12-jähriger Junge einen älteren Bruder hat, eine jüngere Schwester – oder gar keine Geschwister. Ob eine 10-Jährige sich in der Schule schnell langweilt oder ob sie hart arbeiten muss, um mitzuhalten.

Wichtiger als ein festes Zeitbudget, in dem das Kind dann machen kann, was es will, ist es in meinen Augen, sich inhaltlich mit dem auseinanderzusetzen, wofür das Smartphone oder Tablet genutzt wird. Fragen Sie Ihr Kind, was es im Netz macht! Schauen Sie dabei zu! Interessieren Sie sich! Schlagen Sie nicht die Hände über dem Kopf zusammen, wenn es schon wieder »Fortnite« spielen will, sondern versuchen Sie zu verstehen, was dieses Spiel eigentlich genau ist, worin der Reiz liegt – aber vielleicht auch die Gefahren und Suchtmechanismen. Und sprechen Sie dann mit Ihrem Kind darüber.

Das alles kostet mehr Zeit, als das Kind eine festgelegte Zeitspanne lang digital machen zu lassen, was es will. Aber es hat auch Vorzüge: Sie lernen dadurch etwas über Ihr Kind – und von ihm.

Wahrscheinlich wird einiges, was Sie heute verstanden haben, in ein paar Monaten schon wieder durch etwas Neues ersetzt, mit dem Sie sich dann vertraut machen müssen. Vielleicht sind das die beiden wichtigsten Erkenntnisse in Sachen Digitalisierung: Es gibt erstens keinen festen

Wissensstand mehr. Keinen Punkt, an dem man sagen kann: »Fertig, ich weiß jetzt alles über Social Media.« Oder über Videospiele oder über Cybermobbing oder über Videostreaming. Und zweitens sind die Erwachsenen nicht automatisch diejenigen, die mehr Erfahrung haben und mehr wissen und deshalb immer recht haben.

Es kann sein, dass ein festes Zeitbudget sinnvoll ist. Wenn Sie merken, dass das in Ihrer Familie der Fall ist, dann versuchen Sie, dieses gemeinsam mit Ihrem Kind oder Ihren Kindern festzulegen. Fragen Sie, was eine sinnvolle tägliche Dauer wäre für das Tablet, für Youtube oder das Lieblingsspiel. Sie werden überrascht sein, dass – vielleicht erst nach einem gegiggelten »1000 Stunden!« – oft eine ganz vernünftige Zeitspanne genannt wird. Der Vorteil, wenn Sie das Limit gemeinsam festlegen, besteht darin, dass es sich weniger wie eine knallhart diktierte elterliche Fiesheit anfühlt. Ganz einfach, weil es keine ist, sondern eine gemeinsame Absprache.

Strenge Strafen verhindern Vertrauen

Noch ein weiterer Vorteil, wenn Sie sich selbst mit den Dingen beschäftigen, die Ihr Kind auf dem Smartphone oder Tablet macht: Sie werden auch verstehen, dass der berühmte Ruf »Bitte, nur noch fünf Minuten!« manchmal durchaus berechtigt sein kann. Viele Spiele haben beispielsweise sogenannte Savepoints, also Stellen, an denen der Fortschritt gespeichert wird. Wenn man das Spiel das nächste Mal beginnt, fängt man an einem solchen Speicherpunkt an. Sobald Sie also selbst mal ein Spiel ausprobieren, werden Sie merken, was für ein frustrierendes Gefühl es ist, wenn man zwei Schritte vor einem solchen Speicherpunkt zum Aufhören gezwungen wird. Das Gleiche gilt für Runden in populären Spielen wie »Fortnite« oder »League of Legends«. Das Kind zu zwingen, dort kurz vor Ende einer Spielrunde auszusteigen, nur weil die vereinbarte Bildschirmzeit abgelaufen ist, ist gemein und unnötig. Natürlich sollte das Kind dafür auch so fair und einsichtig sein, dass es nicht zwei Minuten bevor die Zeit um ist, eine neue Runde startet. Aber über solche Dinge kann man ja sprechen. Vielleicht ist es auch besser, statt eines starren Zeitlimits festzulegen, dass das Kind zwei Folgen seiner Lieblingsserie schauen oder zwei Runden seines Lieblingsspiels spielen darf. Was davon sinnvoller ist, werden Sie aber nur beurteilen können, wenn Sie sich inhaltlich mit dem auseinandersetzen, womit Ihr Kind seine Bildschirmzeit verbringt.

Denn noch eines ist entscheidend: Je strenger die Verbote und je drakonischer die Strafen, desto weniger wird sich Ihr Kind trauen, sich in digitalen Notfällen an Sie zu wenden. Zum Beispiel, wenn es im Netz etwas gesehen hat, das ihm Angst macht oder das es verwirrt. Falls es von jemandem gemobbt oder von Unbekannten kontaktiert wird. Muss es damit zugeben, dass es gegen ein elterliches TikTok-Verbot oder eine andere Auflage verstoßen hat, behält es seine Angst vielleicht lieber für sich. Dass sich Ihr Kind jederzeit an Sie wenden kann, wenn ihm im Netz etwas Negatives passiert, muss jedoch die oberste Priorität haben.

Selbstwirksamkeit in der digitalen Welt

Trotzdem brauchen Kinder im Laufe ihres Heranwachsens auch mehr und mehr Freiheit. Sie müssen Dinge ausprobieren können und dadurch nach und nach eine gewisse Eigenständigkeit erlangen. Die Autorin und Medienkompetenzexpertin Patricia Cammarata beschreibt in ihrem Buch »Dreißig Minuten, dann ist aber Schluss!« – zu dem es auch einen hörenswerten Podcast gibt – sehr gut das Prinzip der Selbstwirksamkeit. Selbstwirksamkeit bedeutet, Kinder und Jugendliche »können eine schwierige Situation oder Herausforderung aus eigener Kraft erfolgreich bewältigen«. Das gilt übrigens auch für Erwachsene, aber je früher Kinder und Jugendliche Selbstwirksamkeit erfahren und lernen, desto besser. »Sich selbstwirksam zu erleben ist ein gutes Gefühl und beeinflusst das Selbstbewusstsein auf lange Sicht positiv«, schreibt Cammarata. »Aus jedem Erfolg ziehen wir die Erfahrung, dass wir etwas schaffen können, was die Wahrscheinlichkeit erhöht, auch die nächste Herausforderung optimistisch anzugehen.«[77]

Patricia Cammarata vergleicht die digitale Medienerziehung dabei mit dem Schulweg des Kindes: Niemand würde auf die Idee kommen, sein Kind vom ersten Tag an allein loszuschicken. Es aber bis zum Schulabschluss jahrelang an der Hand zum Schultor zu führen kommt ebenso wenig infrage. Stattdessen erklärt man zuerst, was Straßenverkehr ist, welche Gefahren dort entstehen können und wie man diese vermeidet. Dann geht man eine Weile gemeinsam mit dem Kind und erlebt die geschilderten Dinge in der Praxis. Schaut sich an, wie sich das Kind verhält, spricht mit ihm darüber. Am Ende kann das Kind den Schulweg allein bewältigen. Es hat gelernt, dass es gute Entscheidungen treffen kann und dass seine Eltern ihm vertrauen. Und es ist um ein Stück Selbstständigkeit reicher.[78]

Es gibt viele Themen, bei denen im Lauf des Heranwachsens Konflikte zwischen Kindern und Eltern entstehen können. Von »Ich will eurer ekliges Fleisch nicht mehr essen« über »Wir hatten ausgemacht, dass du um spätestens 18 Uhr zu Hause bist« bis zu »Rauchst du etwa?«.

Der große Unterschied zwischen diesen Konfliktlinien und denen in der digitalen Welt ist, dass sich Letztere andauernd ändern. Hat man mühsam einen Kompromiss in Sachen Videospiele ausgehandelt, interessiert sich das Kind vielleicht bald gar nicht mehr dafür. Jetzt will es unbedingt Youtube-Star werden. Auch deshalb gilt: Achten Sie darauf, dass Ihre Regeln flexibel sind, denn Flexibilität und ein vertrauensvolles Verhältnis zwischen Eltern und Kindern sind entscheidend. Ein Verhältnis, bei dem beiden Seiten klar ist, dass sie keine Gegner sind, die am Verhandlungstisch um zehn Minuten mehr Pokemon Go feilschen, sondern die ein gemeinsames Ziel haben: eine gesunde digitale Balance und ein gutes gemeinsames Leben – mal mit dem Netz, mal ohne.

Fazit

Ich kann mich noch genau an mein erstes Smartphone erinnern. Nur wenige Wochen nachdem Steve Jobs das iPhone in Kalifornien vorgestellt hatte, war ich mit meiner späteren Frau auf einer Reise durch die USA. Als wir in San Francisco ankamen, reihte ich mich brav in die Schlange vor dem Apple-Store ein und kaufte mir das erste Modell des Apple-Smartphones. Ich tat es mehr aus Neugier als aus einem wirklichen Bedarf heraus – und musste nach der Rückkehr nach Deutschland lange herumtüfteln, um es dort überhaupt zum Funktionieren zu bekommen. Denn offiziell war es damals nur mit dem amerikanischen Mobilfunkanbieter AT&T lauffähig. Ich erinnere mich auch an Fragen von damaligen Kollegen: »Was machst du denn damit?« Und an meine noch leicht ratlose Antwort: »Na ja, ins Internet gucken und so.« So genau wusste ich es damals auch nicht.

Etwas mehr als ein Jahrzehnt später ist unser Leben ohne Smartphones nicht mehr vorstellbar. Gleichzeitig wird bereits vom »Peak Smartphone« gesprochen, einem erreichten technologischen Zenit. Die Fortschritte der jährlich neu erscheinenden Modelle sind nur noch minimal, so die Kritik. Das Konzept Smartphone sei an sein Ende gekommen. Bald werden wir mit einer neuen Form von Geräten agieren.

Auch ich bin mir sicher, dass wir in zehn Jahren auf die heutige Zeit schon mit einem gewissen Befremden zurückschauen werden. Ich habe keine Ahnung, ob wir dann immer noch auf kleine, rechteckige Bildschirme starren, die wir in der Hand halten. Oder ob Brillen, Uhren, ein kleiner Knopf im Ohr oder sogar ein Implantat auf unserer Retina uns mit allen Informationen versorgen werden. Ich hoffe aber, es wird uns noch möglich sein, das jeweilige Gerät abzulegen und auszuschalten. Solange das der Fall ist, bin ich zuversichtlich, dass wir weiterhin ein digital selbstbestimmtes Leben führen können. Es wird immer Versuchungen geben und auch den Druck der permanenten Erreichbarkeit und den Sog der Ablenkungen. Aber so, wie sich die technischen Gegebenheiten und Spezifikationen der Geräte wandeln, wird sich auch unser Umgang damit ändern. Wir werden hoffentlich einige der bestehenden Probleme lösen und zum Beispiel monopolistische Strukturen aufbrechen, den Datenschutz verbessern und Kinder und Jugendliche besser schützen – nicht vor dem Netz allgemein, sondern vor seinen ungesunden Auswüchsen und seinen rücksichtslosen Geschäftemachern. Andererseits werden neue Probleme dazukommen, die wir heute vielleicht noch gar nicht absehen können. Das Ringen um digitale Balance in unserem Leben wird also nie vorbei sein, sondern ist ein andauerndes Projekt. Eines, das bisweilen anstrengend sein kann, das aber auch Spaß macht, uns Zuversicht und Kraft gibt und zu positiven Veränderungen führt.

Ich hoffe, dieses Buch kann dazu einen kleinen Beitrag leisten.

Anmerkungen

1 https://www.beobachter.ch/digital/digital-detox-so-reduzieren-sie-ihre-zeit-am-smartphone

2 https://www.verivox.de/presse/50-prozent-akzeptieren-handynutzung-beim-essen-1116434/

3 https://www.bankmycell.com/blog/cell-phone-usage-in-toilet-survey

4 https://www.psychologytoday.com/us/blog/artificial-maturity/201409/nomophobia-rising-trend-in-students

5 https://fortune.com/2015/06/29/sleep-banks-smartphones/

6 https://www.deloitte.co.uk/mobileuk2017/assets/img/download/global-mobile-consumer-survey-2017_uk-cut.pdf

7 https://time.com/3858309/attention-spans-goldfish/

8 https://www.theguardian.com/politics/reality-check/2013/jul/23/having-sex-checking-mobile-phone#data

9 https://www.zeit.de/2005/37/T-Geschwindigkeit

10 https://unisa.edu.au/Enterprise-Magazine-Home/issue-1-2019/the-great-disconnect/

11 https://www.theatlantic.com/magazine/archive/2016/11/the-binge-breaker/501122/

12 https://www.vox.com/2017/4/17/15334122/netflix-sleep-competitor-amazon-hbo
https://www.fastcompany.com/40491939/netflix-ceo-reed-hastings-sleep-is-our-competition

13 https://onlinemarketing.de/news/netflix-gegen-schlaf-gegen-beziehungen

14 https://wistia.com/learn/marketing/science-behind-why-we-binge-watch

15 https://papers.ssrn.com/sol3/papers.cfm?abstract_id=1324774

16 https://psmag.com/social-justice/us-still-dont-get-addiction-learning-disorder-87431

17 https://www.ncbi.nlm.nih.gov/pmc/articles/PMC5328289/

18 https://erstehilfe-internetsucht.de/selbsttest/

19 https://www.brandeins.de/magazine/brand-eins-wirtschaftsmagazin/2020/pause/digital-detox-kein-netz

20 https://www.brandeins.de/magazine/brand-eins-wirtschaftsmagazin/2020/pause/digital-detox-kein-netz

21 https://doi.apa.org/doiLanding?doi=10.1037%2Fh0058775

22 https://www.freitag.de/autoren/the-guardian/klick-ins-glueck

23 https://www.psychologytoday.com/us/blog/brain-wise/201311/use-unpredictable-rewards-keep-behavior-going

24 https://www.netflix.com/title/81254224

25 https://www.netflix.com/title/81254224

26 https://www.netflix.com/title/81254224

27 https://www.netflix.com/title/81254224

28 https://www.netflix.com/title/81254224

29 https://www.netflix.com/title/81254224

30 https://www.nytimes.com/2014/09/11/fashion/steve-jobs-apple-was-a-low-tech-parent.html

31 https://www.theguardian.com/technology/2017/nov/09/facebook-sean-parker-vulnerability-brain-psychology

32 https://www.ncbi.nlm.nih.gov/pubmed/15761167

33 https://intelligence.slice.com/hardly-pocket-change-mobile-gamers-spend-an-average-of-87-dollars-on-in-app-purchases/

34 https://www.semanticscholar.org/paper/Attention-in-delay-of-gratification.-Mischel-Ebbesen/29346b98f0947a822b8744f4792bcf1a297f01d3

35 https://techcrunch.com/2009/11/06/zynga-scamville-mark-pinkus-faceboo/

36 https://slate.com/culture/2012/02/an-excerpt-from-charles-duhiggs-the-power-of-habit.html

37 https://www.nytimes.com/2018/01/12/technology/grayscale-phone.html

38 https://www.thenophone.com

39 https://www.zeit.de/campus/2019-01/zeitempfinden-zeitforschung-langeweile-smartphone-psychologie/seite-2

40 https://www.nytimes.com/2008/03/27/us/politics/27voters.html

41 https://www.tagesspiegel.de/themen/digitalisierung-ki/neid-im-netzwerk-was-philosophen-und-psychologen-vom-vergleichen-halten/7431028-2.html

42 https://jamanetwork.com/journals/jamapediatrics/article-abstract/2754101
https://nouvelles.umontreal.ca/en/article/2019/07/15/teen-depression-linked-to-use-of-social-media-and-tv/
https://www.sciencedirect.com/science/article/pii/S2589537018300609?via%3Dihub
https://www.bundesgesundheitsministerium.de/fileadmin/Dateien/5_Publikationen/Praevention/Berichte/Abschlussbericht_BLIKK_Medien.pdf

43 https://hbr.org/2017/04/a-new-more-rigorous-study-confirms-the-more-you-use-facebook-the-worse-you-feel

44 https://www.medienanstalt-nrw.de/fileadmin/user_upload/lfm-nrw/Service/Pressemitteilungen/Dokumente/2017/Ergebnisbericht_Hate-Speech_forsa-Mai-2017.pdf

45 https://blog.campact.de/wp-content/uploads/2019/07/Hass_im_Netz-Der-schleichende-Angriff.pdf

46 https://www.deutschlandfunk.de/nachgefragt-hass-und-hetze-kommen-ueberwiegend-von-rechts.2852.de.html?dram:article_id=464241

47 https://about.fb.com/news/2018/11/myanmar-hria/

48 https://blog.campact.de/wp-content/uploads/2019/07/Hass_im_Netz-Der-schleichende-Angriff.pdf

49 https://www.brandeins.de/magazine/brand-eins-wirtschaftsmagazin/2017/fortschritt/verbessern-soziale-medien-die-welt

50 https://pubmed.ncbi.nlm.nih.gov/20702865/

51 https://www.psychologytoday.com/us/blog/brain-trust/201202/is-your-brain-multitasking

52 https://www.tagesspiegel.de/wissen/ablenkung-haeufigste-unfallursache-die-sekunden-vor-dem-autounfall/12999782.html

53 https://www.sfgate.com/health/article/Prescription-for-success-Don-t-bother-nurses-3282968.php

54 https://www.rn.com/Pages/ResourceDetails.aspx?id=3369 https://www.americanmobile.com/nursezone/nursing-news/decreasing-disruptions-reduces-medication-errors/

55 https://www.sfgate.com/health/article/Prescription-for-success-Don-t-bother-nurses-3282968.php

56 https://www.walesonline.co.uk/news/wales-news/you-should-able-hear-your-2363618

57 https://tappable.co.uk/millennials-rather-lose-a-finger-than-smartphones/

58 https://www.researchgate.net/publication/260305848_Multitasking_on_a_Single_Device_Arousal_and_the_Frequency_Anticipation_and_Prediction_of_Switching_Between_Media_Content_on_a_Computer

59 https://www.statista.com/statistics/272014/global-social-networks-ranked-by-number-of-users/

60 https://www.welt.de/wirtschaft/webwelt/article202021472/Google-und-Facebook-Werbe-Duopol-in-Deutschland-waechst-weiter.html

61 https://www.spiegel.de/netzwelt/web/facebook-studie-likes-enthuellen-persoenlichkeit-a-888151.html

62 https://www.pnas.org/content/110/15/5802

63 https://www.netflix.com/title/81254224

64 https://www.sueddeutsche.de/digital/datenschutz-oesterreicher-bringt-facebook-vor-den-europaeischen-gerichtshof-1.2407767

65 https://www.spiegel.de/netzwelt/web/amazon-experiment-was-der-konzern-mit-jedem-klick-erfaehrt-a-1205079.html

66 https://www.theguardian.com/technology/2017/sep/26/tinder-personal-data-dating-app-messages-hacked-sold

67 https://policies.tinder.com/privacy-2017-10-26

68 https://www.theguardian.com/technology/2017/sep/26/tinder-personal-data-dating-app-messages-hacked-sold

69 https://www.stern.de/digital/online/facebook-will-mit-diesen-gruseligen-methoden-herausfinden--ob-menschen-sich-kennen-7837602.html

70 https://www.forbes.com/sites/angelauyeung/2019/10/23/mark-zuckerberg-is-still-getting-called-to-the-mat-for-facebooks-22-billion-acquisition-of-whatsapp/

71 http://appft1.uspto.gov/netacgi/nph-Parser?Sect1=PTO1&Sect2=HITOFF&d=PG01&p=1&u=%2Fnetahtml%2FPTO%2Fsrchnum.html&r=1&f=G&l=50&s1=20140114774.PGNR.

72 https://www.stern.de/digital/online/facebook-will-mit-diesen-gruseligen-methoden-herausfinden--ob-menschen-sich-kennen-7837602.html

73 https://gizmodo.com/facebook-knows-how-to-track-you-using-the-dust-on-your-1821030620

74 https://www.faz.net/aktuell/wirtschaft/netzwirtschaft/google/google-chef-larry-page-aus-der-dunklen-ecke-1580396.html

75 NEON, Januar 2009, S. 154

76 https://www.theatlantic.com/magazine/archive/2017/09/has-the-smartphone-destroyed-a-generation/534198/

77 Cammarata, Patricia: Dreißig Minuten, dann ist aber Schluss! Mit Kindern tiefenentspannt durch den Mediendschungel. Eichborn Verlag 2020

78 https://20.re-publica.com/de/session/zwischen-verbot-laissez-faire-anleitung-zur-medienerziehung

Empfehlenswerte Bücher und Literaturquellen

Markus Albers: *Digitale Erschöpfung – Wie wir die Kontrolle über unser Leben wiedergewinnen.* Hanser Verlag 2017

Adam Alter: *Irresistable – The Rise of Addictive Technology and the Business of Keeping Us Hooked.* Penguin Publishing Group 2017

danah boyd: *It's complicated – The Social Lives of Networked Teens.* Yale University Press 2015

Patricia Cammarata: *Dreißig Minuten, dann ist aber Schluss! Mit Kindern tiefenentspannt durch den Mediendschungel.* Eichborn Verlag 2020

Nicholas Carr: *The Shallows. What the Internet is Doing to Our Brains.* W. W. Norton Company 2010

Ashley Charles: *Outraged – Why Everyone Is Shouting and No One is Talking.* Bloomsbury 2020

Sabria David: *Die Sehnsucht nach dem nächsten Klick: Medienresilienz – wie wir glücklich werden in einer digitalen Welt.* Patmos Verlag 2020

Christoph Drösser: *Total berechenbar? Wenn Algorithmen für uns entscheiden.* Hanser Verlag 2016

Charles Duhigg: *Die Macht der Gewohnheit – Warum wir tun, was wir tun.* Berlin Verlag 2012

Nir Eyal: *Indistractable – How to Control Your Attention and Choose Your Life.* Bloomsbury 2019

Rana Foroohar: *Don't be Evil – How Tech Betrayed Its Founding Principle and All of Us.* Currency 2019

Adam Gazzaley & Larry Rosen: *Das überforderte Gehirn – Mit Steinzeitwerkzeug in der Hightech-Welt.* Redline Verlag 2018

James Gleick: *The Information – A History, A Theory, A Flood.* Vintage 2012

Daniel Kahnemann: *Schnelles Denken, langsames Denken.* Siedler Verlag 2012

Cal Newport: *Digitaler Minimalismus: Besser leben mit weniger Technologie.* Redline Verlag 2019

Katharina Nocun: *Die Daten, die ich rief – Wie wir unsere Freiheit an Großkonzerne verkaufen.* Lübbe Verlag 2018

Jon Ronson: *So You've Been Publicly Shamed.* Riverhead Books 2015

Matt Stoller: *Goliath – The 100-Year War Between Monopoly Power and Democracy.* Simon & Schuster 2019

Maia Szalavitz: *Clean – Sucht verstehen und überwinden. Ein revolutionärer Erklärungsansatz und neue Chancen für die Therapie.* mvg Verlag 2017

Jean Twenge: *Me, My Selfie and I: Was Jugendliche heute wirklich bewegt.* Mosaik Verlag 2018

Tim Wu: *The Attention Merchants – The Epic Scramble to Get Inside Our Heads.* Alfred A. Knopf 2016

Raum für Notizen